Géographie.

NOUVEAU
Cahier de Géographie.

Résumés et Cartes muettes.

L'EUROPE MOINS LA FRANCE.

Par V. CHOSSON,

Professeur de Géographie
à l'Ecole Pratique de Commerce et d'Industrie de ROMANS (Drôme).

Prix : 0 fr. 90

CAHIERS CHOSSON.

Edition des Ecoles Pratiques.

Edition des Ecoles Primaires Supérieures.

CAHIERS DIPLOMÉS

AUX EXPOSITIONS DE BRUXELLES 1910 ET DE TURIN 1911

AVANT-PROPOS.

Ce **NOUVEAU CAHIER DE GÉOGRAPHIE** *facilite la tâche du Maître et de l'Élève :*

DU MAITRE. — En le dispensant de dicter un résumé, ce qui lui permet de gagner du temps, d'exposer plus longuement sa leçon et de faire des lectures intéressantes.

DE L'ÉLÈVE. — *1° En lui fournissant un texte simple, clair, bien orthographié et assez complet pour qu'il puisse y retrouver les idées essentielles de la leçon ;*

2° En lui permettant d'obtenir, par lui-même et quelle que soit son aptitude, des cartes modèles aux contours très apparents et ne renfermant d'autres noms que ceux indiqués par le Professeur ;

3° En lui facilitant la revision de fin d'année ou en vue de la préparation à un examen.

Nous avons laissé, au-dessous de la plupart des cartes, des blancs qui pourront être remplis par des compléments, des dessins, des croquis, *au choix du Professeur.*

Enfin, on remarquera que nous avons apporté un très grand soin à la disposition matérielle du texte, afin que l'élève soit vivement frappé par le plan et les idées importantes de la leçon, mis ainsi en relief.

CONSEILS.

Afin de rendre les contours très apparents, nous conseillons à l'Élève de passer sur les traits bleus des traits à la plume avec de l'encre noire ou de couleur, suivant les indications du professeur.

Si l'on veut obtenir de l'uniformité, nous croyons utile de recommander à nos Collègues de vouloir bien donner, au début du cours, des indications très précises sur la confection des cartes.

L'Élève doit apprendre, par des exercices répétés, à reproduire les cartes de mémoire.

V. CHOSSON.

L'Europe.

Etude d'ensemble.

Superficie et situation. – L'Europe est la plus petite des 5 parties du monde.
Superficie : 10.000.000 km2.

Dans son ensemble, l'Europe est une vaste péninsule, très déchiquetée, prolongeant à l'ouest l'Asie dont elle est à peine séparée par les monts Oural. On peut l'inscrire dans un triangle dont 2 côtés seraient maritimes et le 3ᵉ continental.

Sa situation est très avantageuse. Elle est presque entièrement située dans la zone tempérée du nord. Elle occupe, pour ainsi dire, le **centre des terres**, et cette heureuse position facilite ses relations avec l'Afrique, l'Asie et l'Amérique, et explique pourquoi elle a joué un si grand rôle dans ces pays.

Formation du relief. – 3 plissements importants ont contribué à former le relief européen :
1º **Le plissement calédonien**, au nord (*Angleterre, Norvège*) ;
2º **Le plissement hercynien**, au centre (*Bretagne, Massif Central, Bohème*) ;
3º **Le plissement alpin ou méditerranéen** qui souleva les Alpes et leurs dépendances.

Relief du sol. – En examinant une carte de l'Europe physique, nous voyons :
1º **Une masse centrale imposante**, les **Alpes** (*Mont Blanc* 4.810ᵐ), se prolongeant au delà du Danube par les **Karpates**, les **Balkans** au sud du même fleuve, les **Apennins** en Italie.
Les Alpes sont bordées par des chaînes, des massifs et des plateaux moins élevés : le **Jura**, les **Vosges**, les **montagnes de l'Allemagne du Sud**, le **Massif Central**, les **Pyrénées** et les chaînes qui parcourent la péninsule ibérique.
2º **Des massifs indépendants**, le **Caucase** (*Elbrouz*, 5.640ᵐ), l'**Oural**, les **Alpes scandinaves**.
3º **Une immense plaine** qui s'étend de l'Atlantique à l'Oural et qui couvre tout le nord de l'Europe (*plaines de Russie, de l'Allemagne, des Pays-Bas, de Flandre, de France*).
Encastrées dans les montagnes, les **plaines du Pô et de Hongrie**. –

Climat. – La plus grande partie de l'Europe étant située dans la zone tempérée, son climat est lui-même tempéré. Cependant, on distingue 4 zones climatériques :
1º **La zone méditerranéenne**, aux étés secs, aux hivers doux ;
2º **La zone atlantique**, soumise à l'influence du Gulf-Stream, a un climat doux, mais brumeux et humide ;
3º **La zone continentale**, au climat sec et continental, étés chauds, hivers froids (*éloignement de la mer*) ;
4º **La zone glaciale**, au nord, très froide.

Mers et côtes. – L'Europe est baignée par :
1º **L'Océan Glacial** (*Mer Blanche*) ;
2º **L'Océan Atlantique** (*Manche, Mer du Nord, Baltique*) ;
3º **La Méditerranée** (*Adriatique, Mer de l'Archipel, Mer de Marmara, Mer Noire*) ;
4º **La Mer Caspienne**.
Les côtes de l'Europe sont très découpées. (*L'élève devra savoir les presqu'îles, les détroits, golfes, caps.*)

Europe physique

Hydrographie. — Sa configuration ne lui permet pas d'avoir de très longs fleuves. Le plus gr[and,]
la Volga (3.395 km) n'est rien en comparaison du Mississipi et de l'Amazone. **Mais ses fle[uves]**
sont si nombreux et si bien répartis qu'aucune contrée n'en est dépourvue. Leur régime e[st]
général régulier. La plupart sont navigables, surtout ceux de la grande plaine du nord. [Les]
principaux sont :

1° Se jetant dans l'Atlantique : la **Néva**, la **Duna**, la **Vistule**, l'**Oder**, l'**Elbe**, le **Rhin**,
Meuse, l'Escaut, la Seine, la Loire, la Garonne, le Tage, le Guadiana, le Guadalquivir ;

2° Se jetant dans la Méditerranée et la Mer Noire : l'**Ebre**, le **Rhône**, le **Pô**, le **Dan[ube]**,
le **Dniepr**, le **Don** ;

3° Se jetant dans la Caspienne : la **Volga** et l'**Oural**.

————►×◄————

Notions de Géographie politique.

Population. — 450 000.000 h. L'Europe est la région du monde la plus peuplée par rapport [à sa]
superficie.

Races. — Cette population forme 4 groupes :

1° Le groupe gréco-latin : Portugais, Espagnols, Français, Italiens, Roumains, Grecs ;

2° Le groupe germanique : Allemands, Suédois, Norvégiens, Danois, Hollandais et quel[ques]
Anglais, Autrichiens et Suisses ;

3° Le groupe slave qui peuple la Russie, la Bulgarie, la Serbie et une partie de l'Autr[iche] ;

4° Le groupe mongol : Hongrois, Turcs.

Religions. — Sauf les Turcs, tous les peuples européens sont chrétiens :

1° Le catholicisme (*les Latins*) ;

2° Le protestantisme, dans les pays germaniques ;

3° La religion grecque, en Grèce et en Russie.

Les Iles Britanniques.

Géographie physique.

Les Iles Britanniques comprennent :
1° **La Grande Bretagne** formée par l'Angleterre et l'Ecosse ;
2° **L'Irlande** ;
3° De nombreuses petites îles dont les plus importantes sont les **Hébrides**, les **Orcades**, les **Shetland**, **Wight**, **Man**, **Anglesey** et les **îles Anglo-Normandes**.
Superficie : 315.000 km2.
La situation maritime de l'Angleterre lui procure de nombreux avantages et lui a permis de jouer un grand rôle politique et économique.

Relief du sol. - Le relief de la Grande Bretagne présente 2 régions :
1° **La région nord-ouest montagneuse** : monts Ross, les Grampians (*Ben-Nevis*, 1.341m) les Cheviots, les Hautes et Basses Terres, la chaîne Pennine, les monts du Pays de Galles et le plateau de Cornouailles.
Ces montagnes de formation primaire sont très riches en minerais.
2° **La région du sud-est** forme une plaine fertile.
L'Irlande est un plateau bordé de montagnes.

Climat. - Il est doux, brumeux et humide (*Gulf-Stream*, 230 *jours de pluie en Irlande*).
Il est froid en Ecosse.

Hydrographie. - **Les fleuves sont nombreux et courts.** Leurs estuaires sont larges et profonds. Les plus importants sont la **Tamise**, la **Tyne**, la **Clyde**, la **Mersey**, la **Severn** et le **Shannon** (*Irlande*).
Ils sont navigables.
Lacs nombreux en Ecosse et en Irlande.

Côtes. - L'Angleterre a 8.800 km de côtes. Elles sont très découpées ; les baies sont profondes et très favorables à l'établissement des ports.

Géographie politique.

Population. - 45.000.000 h. en 1910. L'Angleterre est très peuplée (228 au km2) ; l'Ecosse et l'Irlande le sont beaucoup moins.
Les Celtes, les Saxons, les Normands, les Scots ont contribué à former le peuple anglais.

Religions. - Suivant les régions on professe :
1° L'anglicanisme en Angleterre,
2° Le presbytérianisme en Ecosse,
3° Le catholicisme en Irlande.

Gouvernement. - L'Angleterre est une monarchie constitutionnelle, administrée par un roi (*George V*) et un parlement (*Chambre des Lords, Chambre des Communes*).
Le service militaire n'est pas obligatoire ; l'armée (400.000 h.) est formée d'engagés.
La marine militaire est la plus forte du monde entier.

Villes. - **Londres** (4.650), la capitale, la ville la plus peuplée du monde ; **Liverpool** (723), un grand port ; **Glascow** (800). **Manchester** (560), la reine de l'industrie du coton.; **Birmingham** (540), la ville noire ; **Leeds** (450), la reine de l'industrie de la laine ; **Sheffield** (440), **Bristol** (328) **Edimbourg** (312), la capitale de l'Ecosse ; **Dublin** (370), la capitale de l'Irlande ; **Belfast**.

Géographie économique.

L'Angleterre est le pays le plus riche du monde. Cette richesse est due :
1° A sa situation maritime ;
2° A la fertilité de la plaine et à la richesse du sous-sol ; -
3° A son vaste empire colonial ;
4° Au caractère de ses habitants qui sont entreprenants, actifs et pratiques ;
5° A sa marine marchande.

Agriculture. - Elle ne tient pas une très grande place en Angleterre. Cependant l'Anglais cultive le sol avec méthode et élève scientifiquement.
Des céréales, cette production décroît de plus en plus ;
Du lin, de la pomme de terre en Irlande.
Les prairies naturelles, favorisées par une humidité presque constante, permettent d'élever des bœufs (*Durham*), des chevaux (*race d'York*), des moutons (*cheviots*), des porcs (*York*)
La production de la viande est cependant insuffisante, car les Anglais en consomment beaucoup.
La pêche est active sur toutes les côtes : saumon, morue, hareng (*port d'Aberdeen*)

Productions minières. - Les minerais sont abondants. « L'Angleterre est un bloc de houille et de fer », a-t-on dit.
Houille, 270.000.000 t., dans les bassins de Glascow, de Northumberland (*Newcastle*), de Lancashire, de Yorkshire, du Centre et de Cardiff ;
Fer, 19.000.000 t., près des mines de houille (*Cardiff, Birmingham, Glascow*) ;
Cuivre, plomb, étain, zinc, en Cornouailles.

Industrie. - L'industrie anglaise est la première du monde.
Des hauts-fourneaux à Merthyr-Tydwill, Birmingham, Glascow, Sheffield ;
Rails, machines à Birmingham, Sheffield, Glascow ;
Coutellerie à Sheffield ;
Chantiers de constructions maritimes à Glascow, Belfast et dans les ports ;
Tissus de coton à Manchester ;
Tissus de laine à Leeds, Bradfort ;
Tissus de lin à Belfast ;
Poteries à Stoke ;
Brasseries à Londres, Dublin.

Voies de communication. - Les fleuves sont navigables et reliés entre eux par de nombreux canaux (*de la Tamise au canal de Bristol; de Londres à Liverpool*). Les chemins de fer d'une longueur de 37.500 km, ont une circulation très active (*4 fois plus qu'en France*).
La marine marchande est la première du monde et représente 8 fois celle de la France.
Les plus grands ports sont : Londres, Liverpool, Cardiff, Newcastle, Glascow.

Commerce. - Le commerce anglais a atteint le chiffre énorme de 24.352 millions en 1910, 2 fois celui de la France.

Les Iles Britanniques (carte physique)

Importations : 13.387 millions, matières premières pour l'industrie : laine, coton, fer, étain, cuivre ; des produits alimentaires : blé, sucre, viande, vins, thé ; des soieries et des articles d'horlogerie.

Exportations : 10.965 millions, des produits de son industrie métallurgique, rails, machines, des navires, des tissus, de la houille.

Avec la France. — Nous lui vendons pour 1.275.000.000 : des vins, des primeurs, du beurre, du fromage, des soieries, des articles de luxe.

Nous lui achetons pour 930.000.000 : de la houille, des machines, des lainages.

Colonies — L'immense empire colonial des Iles Britanniques mesure 30.000.000 km2 et compte 400.000.000 h.

1° **En Amérique** : le Canada et Terre-Neuve, la Jamaïque, la Guyane anglaise et quelques petites Antilles ;

2° **En Afrique** : la colonie du Cap et ses dépendances, l'Afrique orientale anglaise, l'Égypte, Sierra-Léone, les Achantis, la Nigéria.

3° **En Océanie** : l'Australie, la Tasmanie, la Nouvelle-Zélande ;

4° **En Asie** : l'Inde, la Birmanie.

5° **Des points stratégiques** : Gibraltar, Aden, Singapour, Hong-Kong.

La Suède et la Norvège.

Géographie physique.

La Suède et la Norvège forment la péninsule scandinave.

Superficie : 776.000 km2 dont 450.000 km2 pour la Suède et 326.000 km2 pour la Norvège.

Relief du sol. — Le relief comprend 2 régions bien distinctes :

1° **La région occidentale** ou norvégienne occupée par un enchevêtrement de masses granitiques, les Alpes Scandinaves, couvertes de glaciers : les monts Kiolen, le Dovre-Field (2.500m), le Lange-Field, glacier de Justedal ;

2° **La région orientale** ou suédoise s'abaissant graduellement vers la Baltique et formant au sud les plaines de l'Upland et de Gothie.

Climat. — Le climat des côtes de Norvège est adouci par le Gulf-Stream.

Le reste de la presqu'île jouit d'un climat très froid, surtout au nord.

Hydrographie. — Les fleuves sont assez nombreux en Suède. Leur cours est coupé par des chutes : la Tornéa, le Dal, la Gota, le Glommen. En Suède, il y a de nombreux lacs : Wener, Wetter, Molar.

Côtes. — Les côtes de la Norvège sont hautes et découpées. Elles forment de nombreux fiords (de Trondhjem, le Sogne-fiord). Elles sont bordées d'îles (Lofoten, Tromsoë).

Les côtes de Suède sont basses.

Géographie politique.

Population. — 5.300.000 h. pour la Suède et 2.300.000 h. pour la Norvège.

Les Suédois et les Norvégiens, d'origine germanique, pratiquent la religion luthérienne. L'instruction primaire est très répandue.

Les Iles Britanniques (carte politique et économique)

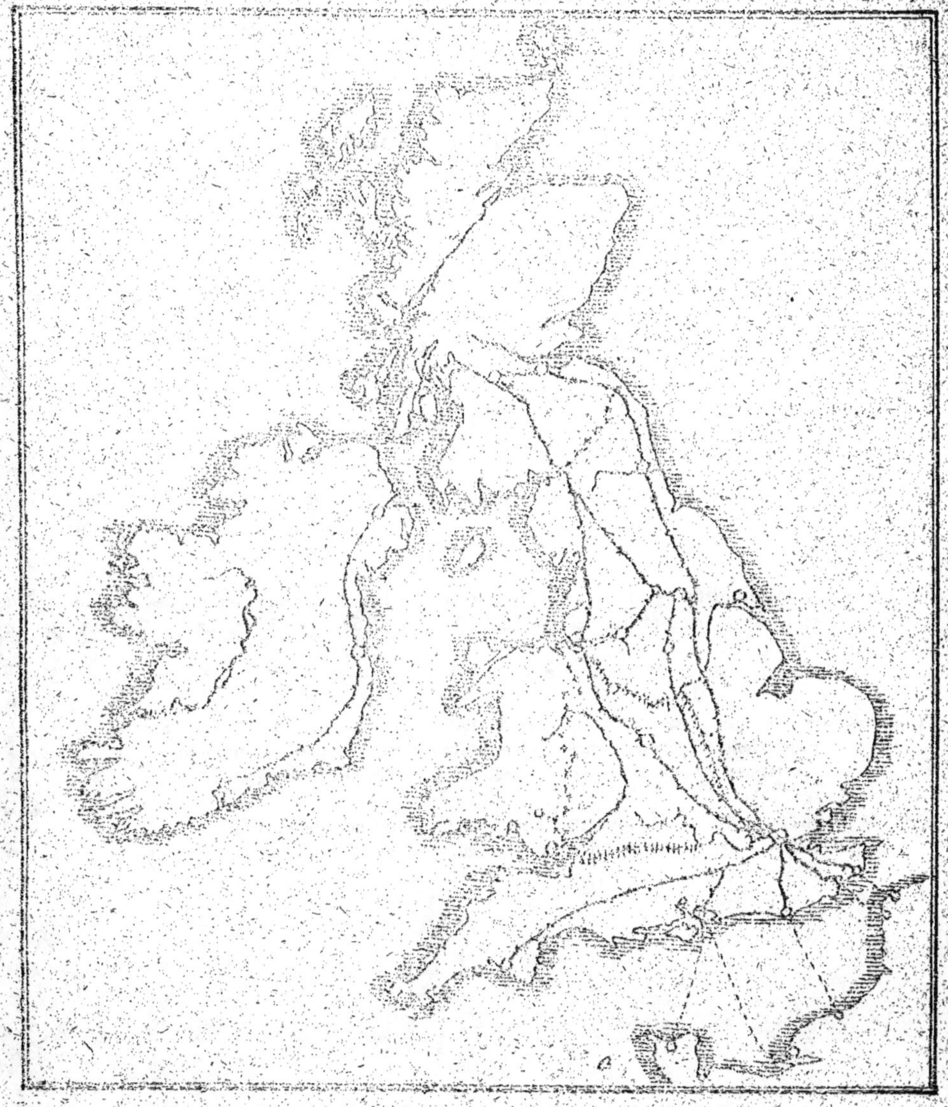

Les Iles Britanniques (carte politique et économique)

Gouvernement. - En 1905, la Norvège s'est séparée pacifiquement de la Suède, et les deux états forment aujourd'hui 2 monarchies constitutionnelles.

Villes. - *En Suède :* Stockholm (330), la capitale, bâtie sur des îlots (*la Venise du Nord*); Gotebor (140), Malmo (70), Upsala.
    En Norvège : Christiania (230), la capitale ; Bergen (70), Trondhjem (40), Hammerfest.

Géographie économique.

Agriculture. - Ces pays sont trop froids pour que l'agriculture soit bien prospère. La moitié des terres est inculte ; les terres labourables n'occupent qu'une toute petite partie de la superficie dans le sud de la Suède. Ils produisent :
    Des bois, pins, sapins, hêtres, bouleaux ;
    Du blé, du seigle, de l'orge, des pommes de terre, du lin et du chanvre.
    On élève des moutons, des bœufs (*fromage, beurre*).
    Les Norvégiens sont d'habiles pêcheurs (*morues, phoques, morses, harengs, saumons*).

Productions minières. - Il n'y a pas de houille, mais
    Du fer en quantité et de bonne qualité (*Gellivara*) ;
    Du cuivre, du zinc (*Falun*), du nickel.

Industrie. - Le manque de houille et la rigueur du climat contrarient beaucoup le développement industriel de ces pays. L'industrie du bois est la plus importante ; il y a des tanneries, des pelleteries.

Voies de communication. - Les voies de communication sont peu nombreuses, car les grandes villes sont sur la mer et reliées par elle. Il y a 16.500 k^m de voies ferrées dont 11.000 en Suède.
    La marine marchande est relativement importante (*voiliers*).

Commerce. - Le commerce s'élève à 1.500 millions pour la Suède et 700 millions pour la Norvège.
    Importations : houille, denrées alimentaires, tissus, objets manufacturés.
    Exportations : minerai de fer, cuivre, bois, beurre et fromage.

Avec la France. - Nous achetons des bois, de la cellulose, de la rogue.
    Nous vendons des produits alimentaires : café, vins et liqueurs, huile d'olive.

Suède et Norvège

Le Danemark.

Géographie physique.

Le Danemark comprend :
1° La presqu'île du Jutland ;
2° Les îles Fionie, Seeland, Laaland, Falster, Bornholm.
Superficie : 38.000 km2.

Relief du sol. - C'est un pays de plaines (*le point culminant atteint 180m*).

Climat. - Le Danemark a un climat maritime, brumeux et humide.

Hydrographie. - Il n'y a pas de rivières importantes.

Côtes. - Les côtes sont basses, bordées de dunes à l'ouest. Les détroits ont une grande importance
pour les états qui bordent la **Mer Baltique** (*Suède, Russie, Allemagne*). Ce sont : le **Sund** (le
plus important, *largeur de 4 à 36 km*), le Grand-Belt, le Petit-Belt.

Géographie politique.

Population. - 2.500.000 h. de race germanique, professant le luthérianisme.

Gouvernement. - Le gouvernement est une monarchie constitutionnelle.
L'instruction est très développée.

Villes. - Copenhague (420), la capitale et un port franc sur le Sund ; **Odensée** (40), **Aarhus** (50).

Géographie économique.

Agriculture. - Le Danemark est un pays agricole. Il n'y a aucune ressource minérale. Il produit
Des céréales, blé, avoine, seigle.
L'élevage constitue la principale ressource.
Des vaches (*beurre et fromage*), des chevaux.
Les Danois vont pêcher la morue en Islande (12.000.000 fr.).

Industrie. - L'industrie danoise traite surtout les produits agricoles : raffineries, distilleries, brasseries.

Commerce. - Il s'élevait à **1.457** millions, en 1910.
La marine marchande est relativement importante.
Importations : houille, machines, tissus, vins.
Exportations : bestiaux, beurre, fromage.
Le principal client du Danemark est l'Angleterre.

Colonies. - Le Danemark possède le Groenland, l'Islande, Saint-Thomas aux Antilles.

Danemark

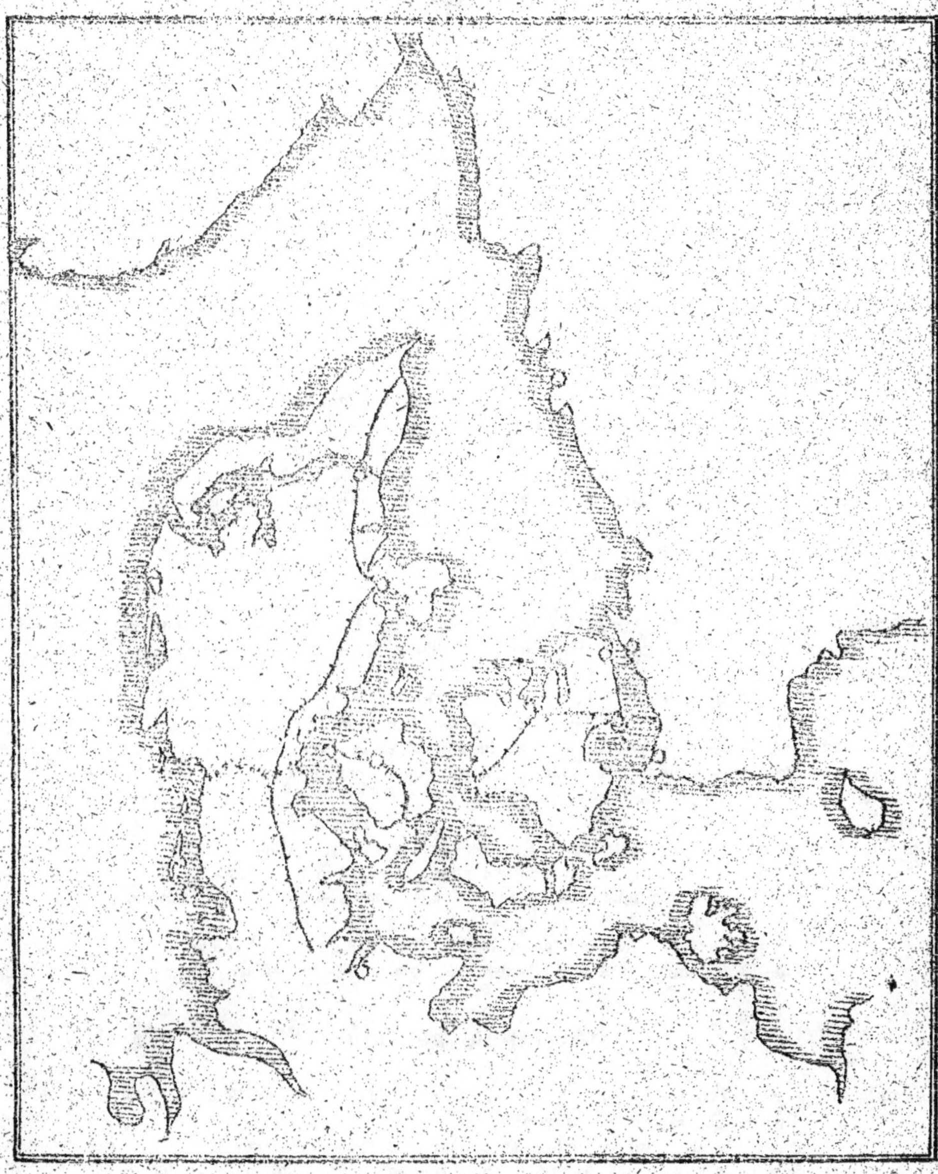

Danemark

La Russie.

Géographie physique.

La Russie d'Europe occupe à elle seule plus de la moitié de l'Europe dont elle couvre toute la partie orientale. Elle comprend : la Russie, la Finlande, la Pologne et la Caucasie. Superficie : 5.500.000 km2.

Relief du sol. – La Russie est une immense plaine ondulée par quelques plateaux inférieurs à 400m : plateau de Finlande, hauteurs de Valdaï (300m), de la Volga.

Cette plaine est bordée à l'est par les monts Oural (*Tell Poess* 1.656) qui la séparent à peine de la plaine de Sibérie.

Au sud, entre la Caspienne et la Mer Noire, le Caucase, la chaîne la plus élevée de l'Europe (*monts Elbrouz* 5.650m, *Kasbek, col de Dariel* 2.300m).

Climat. – Le climat est essentiellement continental. Les hivers sont froids et longs (*six mois à Moscou*) ; les étés sont chauds ; le printemps et l'automne sont à peine marqués.

La Russie est le pays de l'Europe qui reçoit le moins de pluies (0m50). En hiver, la plaine russe est couverte de neige.

La région transcaucasienne jouit d'un climat doux.

Hydrographie. – Elle possède les fleuves les plus larges de l'Europe. Ce sont tous des fleuves de plaines, lents et navigables, mais gelés en hiver. Ils subissent des crues au printemps, à l'époque de la fonte des neiges. Ce sont :

1º Pour l'Océan Glacial : la Petchora, la Dvina ;

2º Pour la Baltique : la Néva *(Saint-Pétersbourg)*, la Duna, le Niémen, la Vistule ;

3º Pour la Mer Noire : le Dniestr, le Dniepr et le Don ;

4º Pour la Caspienne : la Volga (3.884 km) venant des hauteurs de Valdaï (260m) et qui reçoit l'Oka (*Moscova*), la Kama ; et l'Oural.

Côtes. – Toutes les mers qui entourent la Russie sont des mers fermées.

Les côtes de l'Océan Glacial arctique sont gelées pendant 8 mois.

Les côtes de la Baltique, hautes en Finlande, sont basses (*golfe de Bothnie, de Finlande, de Riga*).

Celles de la Mer Noire sont aussi basses (*Mer d'Azov, la Crimée*).

La Mer Caspienne est à 26m au-dessous du niveau de la mer.

Géographie politique.

Population. – 142.577.000 h. en 1911. Malgré ce nombre, la Russie est l'état le moins peuplé de toute l'Europe par rapport à sa superficie.

La majorité de cette population appartient à la race slave (*Grands-Russes, Petits-Russes, Polonais*) ; mais il y a des Allemands, des Roumains, des Finlandais et des Juifs (5.000.000).

Les Russes professent la religion orthodoxe ; les Polonais, le catholicisme ; les Finlandais, le protestantisme.

La Russie (carte physique)

Gouvernement. - La Russie forme une monarchie absolue. Le **tzar** (*Nicolas II*) exerce le gouvernement avec une Chambre, la **Douma.** Le pouvoir est entre les mains de la noblesse ; les paysans sont tenus dans la plus grande ignorance.

Villes. - Saint-Pétersbourg (1.900), la capitale, sur la Néva, au fond du golfe de Finlande ; **Moscou** (1.500), l'ancienne capitale ; **Varsovie** (770), la capitale de la Pologne ; **Odessa** (450), un grand port sur la Mer Noire ; **Lodz** (320), **Riga** (280), **Kiew, Kharkov, Tiflis** (160), **Bakou** (112).

Géographie économique.

La Russie n'a été jusqu'à présent qu'un pays agricole ; mais grâce à la richesse du sol et du sous-sol et aux nombreux capitaux français auxquels elle fait appel, elle pourra devenir une grande nation. C'est encore un pays neuf.

Agriculture. - On peut distinguer 5 grandes régions :
1º La région des **toundras** ou terres glacées au nord, végétation pauvre ;
2º La région des **forêts,** pins, sapins, bouleaux, chênes ;
3º La région des **terres noires** ou tchernoziom, très fertiles (0^m50 à 1^m d'épaisseur d'humus), blé, betteraves ;
4º La région des **steppes,** assez fertiles près de la Mer Noire, désertiques près de la Caspienne ;
5º La région **transcaucasienne,** au climat doux ; vignes, oliviers, mûriers.
La Russie produit :
Des bois ;
Du blé 200.000.000 hl., le 2e rang après les Etats-Unis ;
Des betteraves à sucre, en Pologne et dans les terres noires ;
Du lin (550.000 t.) **et du chanvre** (418.000 t.), près de la Baltique ;
De la pomme de terre, du seigle, de l'avoine.
La Russie élève beaucoup **de chevaux** (30.000.000), **des bœufs** (40.000.000), des moutons (61.000.000).
On chasse les animaux à fourrure.
La pêche est active : saumons, esturgeons (*caviar*).

Productions minières. — Les richesses minérales de la Russie sont abondantes, mais elles ne sont pas encore toutes exploitées.
Houille 18.000.000 t., surtout dans le Donetz et en Pologne ;
Pétrole 11.000.000 t., dans le Caucase, à Tiflis, Bakou ;
Fer, cuivre, or, platine, dans l'Oural (*Perm*) et le Caucase.

Industrie. - L'industrie n'en est qu'à ses débuts. Cependant les usines sont installées modernement.
Métallurgie : Toula, Perm, Saint-Pétersbourg ;
Tissus de coton : Lodz, Tver ;
Tissus de laine : Moscou ;
Tissus de lin : Kostroma, Vladimir ;
Cuirs : Moscou ;
Raffineries de sucre (1.247.000 t.) : en Pologne ;
Distilleries : Riga.

Voies de communication. - Les fleuves sont navigables et reliés entre eux par des canaux. Il y a 59.500 km de chemins de fer. Moscou paraît en être le centre.

La Russie (carte politique et économique)

La Russie (carte politique et économique)

Commerce. - Le commerce russe s'est élevé à 5.944 millions en 1910.
Importations : 2.482 millions, thé, vins, laine, coton, objets manufacturés.
Exportations : 3.459 millions, blé, bois, lin, chanvre, beurre, œufs, pétrole, cuirs, fourrures.

Avec la France. — Nous lui achetons du blé, du lin, des cuirs, des fourrures (337.000.000).
Nous lui vendons des vins, des soieries, des articles de luxe (87.000.000).

Colonies. - La Russie possède en Asie la **Sibérie** et le **Turkestan.** *(Se reporter à la leçon sur l'Asie Russe.)*

L'Allemagne.

Géographie physique.

Superficie : 540.000 km2.
L'Allemagne n'a pas de frontières naturelles à l'est et à l'ouest.

Relief du sol. - Le relief allemand comprend 2 régions :
1º **L'Allemagne du Sud montagneuse :** plateaux de Bavière, de Souabe, de Wurtemberg ;
le Jura Souabe, la Forêt Noire, les Vosges ;
A l'ouest, le plateau schisteux rhénan : Hardt, Eifel, Taunus, Rothaar ;
Vers le plateau de Bohême, la Forêt de Bohême, le Fichtel-Gebirge (1.050ᵐ), la Forêt de
Thuringe, le Harz (*Brocken* 1.140ᵐ), Erz-Gebirge, Riesen-Gebirge ;
2º **La plaine basse de l'Allemagne du Nord,** encombrée de marais à l'est, de sable au
centre, fertile vers le Rhin.

Climat. - Le climat de l'Allemagne est plus rigoureux que celui de la France ; il est froid au
nord, plus doux vers la Mer du Nord.

Hydrographie. - Les fleuves allemands, sauf le Danube, traversent, du sud au nord, la grande
plaine et vont se jeter soit dans la Baltique, soit dans la Mer du Nord. Ils ont un cours
parallèle et sont navigables.
Les cours inférieurs du Niémen, de la Vistule ;
L'Oder (900 kᵐ) coule dans la plaine de la Silésie (*la Wartha*) ;
L'Elbe (1.100 kᵐ) est le plus important des fleuves allemands. Sorti du plateau de Bohême,
il coule lentement dans la plaine et se jette dans la Mer du Nord par un estuaire large,
profond (*Hambourg*). L'Elbe reçoit la Havel, la Saale ;
Le Weser formé de la Werra et de la Fulda ;
Le Rhin (1.320 kᵐ) dont l'Allemagne n'a que le cours moyen, la Suisse le cours supérieur,
la Hollande le cours inférieur. Ce fleuve, venu des glaciers du Saint-Gothard, est abondant
et navigable. Il sert de débouché à la région industrielle de la Ruhr. Il reçoit le Neckar, le
Mein, la Ruhr, la Moselle.
Le Danube, le cours supérieur seulement. Il prend sa source dans la Forêt Noire et
longe le plateau bavarois.

L'Allemagne (carte physique)

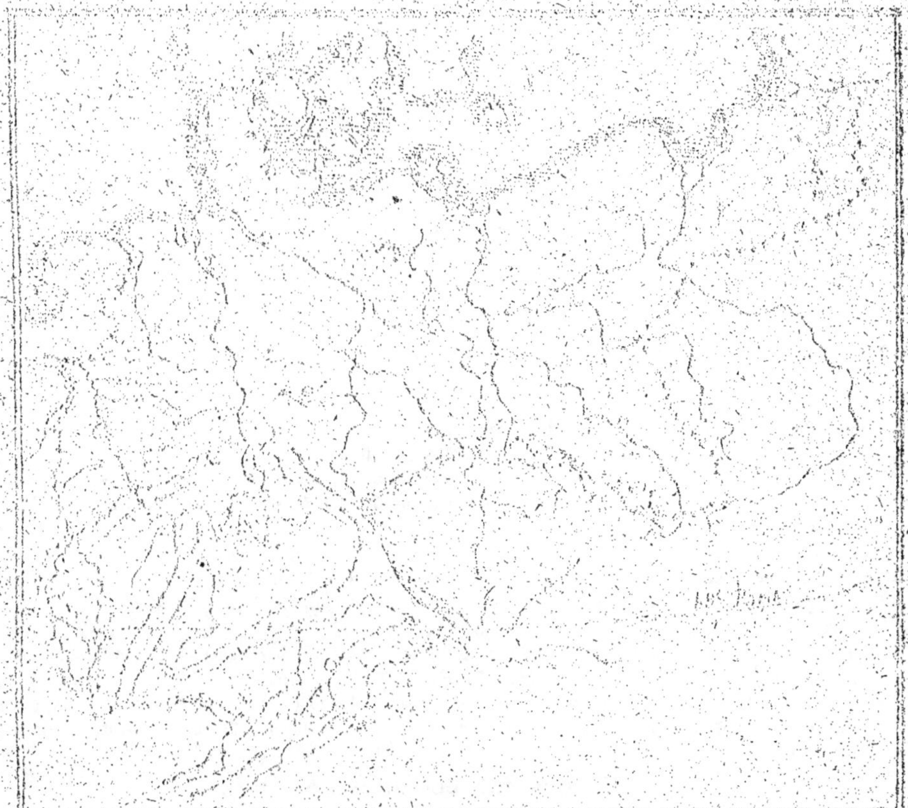

L'Allemagne (carte physique)

Côtes. - Les côtes allemandes sont, en général, basses et marécageuses *(estuaires de l'Elbe, du Weser ; baies de Dantzig, de Lubeck).*

Géographie politique.

Formation territoriale. - L'unité allemande a été longue à faire. Elle a été l'œuvre du roi **Guillaume** et de son ministre **Bismarck** qui ont su réunir tous les états qui composent actuellement l'empire allemand.

Population. - 65.000.000 h. en 1910, comprenant au moins 50.000.000 d'Allemands, des Polonais, des Danois et quelques Alsaciens-Lorrains.

Cette population augmente dans des proportions considérables *(environ 800.000 h. par an).* Cet accroissement est légèrement atténué par une émigration qui s'est élevée à 250.000 h. et qui, aujourd'hui, a bien diminué, 60.000 environ. Ils vont en Asie Mineure, aux Etats-Unis, au Brésil.

Religions. - La majorité des Allemands est **protestante**. On compte 21.000.000 de catholiques en Pologne, Bavière, Saxe.

Gouvernement. - C'est un empire fédéral comprenant 4 royaumes, 6 grands duchés, 5 duchés, 7 principautés, 1 terre d'Empire, 3 villes libres, en tout 26 états.

Le roi de Prusse *(Guillaume II)* est empereur d'Allemagne et exerce le pouvoir exécutif. Le pouvoir législatif est confié à 2 assemblées, le **Conseil fédéral** et le **Reichstag** *(Chambre des députés).*

Armée. - L'armée allemande est la plus puissante du monde (600.000 h.).

L'Allemagne est en train de se créer une flotte redoutable *(égale à la nôtre).*

Villes. - **Berlin** (2.064), la capitale ; **Hambourg** (936), le deuxième port européen après Londres ; **Munich** (595), la capitale de la Bavière ; **Dresde** (547), la capitale de la Saxe ; **Breslau** (511), en Silésie ; **Leipzig** (585), renommée par ses foires ; **Cologne** (511), **Francfort-sur-le-Mein** (335), **Nuremberg** (295), **Hanovre** (250), Dusseldorf (250), **Essen** (235), Chemnitz, Dantzig, Brême, Strasbourg.

Géographie économique.

Les progrès économiques de l'Allemagne sont tout récents. Ils ont été la conséquence de son unification politique. Ils sont dus :

1° A la richesse du sous-sol en houille et en fer ;
2° Aux nombreuses voies de communication ;
3° A l'accroissement de la population ;
4° A l'habileté des dirigeants ;
5° Aux connaissances techniques des ingénieurs ;
6° Aux Cartels ou groupements d'industriels ;
7° A ses nombreux voyageurs de commerce.

Agriculture. - La région montagneuse et la plaine de l'Allemagne sont peu fertiles. **La Silésie, la Saxe, la Westphalie, l'Alsace** le sont beaucoup plus. Les principales productions sont :

Des bois, vers le sud ;
Des céréales (143.000.000 hl), seigle et avoine surtout (182.000.000 hl) ;
Des pommes de terre, 2e rang (46.500.000 t., *Autriche* 56.000.000 t., *alcool*) ;
Des betteraves à sucre, 1er rang en Saxe, dans le Hanovre (2.000.000 t. de sucre en 1910).

L'Allemagne (carte politique et économique)

Région de la Ruhr

Région de la Saxe

Houblon, lin (26.000.000 kilos) et chanvre.

On élève des chevaux (4.000.000), des bœufs (20.000.000), des porcs (22.000.000) des moutons (7.000.000).

Productions minières. - Les richesses minérales sont abondantes :

Houille, 215.000.000 t., 3e rang après les Etats-Unis et l'Angleterre, dans les bassins de la Ruhr, de la Silésie, de la Saxe et de la Sarre ;

Fer, 21.000.000 t., près des bassins houillers ;

Zinc, cuivre, plomb dans l'Erz-Gebirge.

Industrie. — L'industrie allemande est très florissante.

1º Métallurgie dans les bassins houillers (7.000.000 tonnes d'acier) :

Bassin de la Ruhr avec Dusseldorf, Essen (*Krupp*), Barmen, Elberfeld ;

Bassin de la Saxe avec Chemnitz, Swickau, Dresde, Leipzig ;

Bassin de la Silésie avec Breslau ;

Bassin de la Sarre avec Forbach.

2º Industrie des produits chimiques, 1er rang (*couleurs, acides*).

3º Industrie alimentaire : sucre *(1er rang)*, bière (*Munich*), alcools.

4º Industrie du coton à Chemnitz, Elberfeld, Mulhouse.

5º Industrie de la soie à Barmen.

6º Brasseries (73.000.000 hl) dans toute l'étendue de l'empire.

Voies de communication. - Les fleuves sont navigables, et il a été très facile, dans la plaine, de les relier par des canaux.

Il y a 61.000 km de voies ferrées.

La marine marchande occupe le 3e rang après l'Angleterre et les Etats-Unis.

Les 2 plus grands ports sont Hambourg et Brême.

Commerce. - Le commerce allemand a atteint 22.060 millions en 1911 *(2e rang après l'Angleterre).*

Importations : matières premières, coton, laine, soie, des produits alimentaires, blé, vins, café, thé, soieries, articles de Paris.

Exportations : produits chimiques, machines, rails, canons, sucre, alcools, houille.

Avec la France. — Nous lui achetons pour 860.000.000 fr. des produits chimiques, des machines, des alcools.

Nous lui vendons pour 804.000.000 fr., des soieries, des vins.

Colonies. - L'Allemagne a cherché, un peu tard, à se créer un empire colonial. Elle possède :

1º En Afrique : le Togoland, le Cameroun, le Damaraland et l'Afrique orientale allemande ;

2º En Océanie : l'archipel Bismarck, les Marianes, les Carolines et la partie nord-est de la Nouvelle-Guinée ;

3º En Asie : la baie de Kiao-Tchéou.

La Hollande.

Géographie physique.

Superficie : 33.000 km2.

Relief du sol. - La Hollande est un pays de plaines. Près des côtes, la plaine est souvent au-dessous du niveau de la mer ; ce sont les polders. La mer est alors retenue par des dunes ou des digues.

Climat. - Le climat est brumeux et humide.

Hydrographie. - La Hollande possède l'embouchure du Rhin et celle de la Meuse. Le Rhin s'y divise en plusieurs branches dont les plus importantes sont : le Lech, le Vaal, le Vieux-Rhin.

Côtes. - La côté est basse, bordée de dunes ou de digues. En 1282, les digues se rompirent et la mer forma le Zuiderzée. Nombreuses îles à l'embouchure du Rhin.

Partout où les dunes manquent, on voit s'élever de puissantes digues appelées dam (8 à 10m *de hauteur*, 50 à 100m *de largeur*).

Géographie politique.

Population. - 5.859.000 h. en 1909, d'origine germanique, dont les deux tiers sont protestants, les autres catholiques.

Gouvernement. - Le royaume des Pays-Bas forme une monarchie constitutionnelle.

Villes. - La Haye (271), la capitale ; Amsterdam (574), reliée à la Mer du Nord par un canal ; Rotterdam (415), Utrecht (125). Leyde.

Géographie économique.

Les Hollandais sont des agriculteurs et des commerçants.

Agriculture. - La Hollande est fertile, sauf la région de l'est qui est assez pauvre :
Blé, orge, légumes ;
Betteraves, tabac, lin.
Les prairies, favorisées par un climat humide et doux, nourrissent d'excellentes vaches laitières (*beurre* 45.000.000 kilos, *fromage*).
On pêche le hareng, la morue, le saumon.

Industrie. - Le pays est pauvre en ressources minérales (*houille* 1.200.000 t. *dans le Limbourg*). Cependant les toiles de Hollande sont renommées. On fabrique des velours à Utrecht. Rotterdam et Amsterdam possèdent des raffineries de sucre, des distilleries, des manufactures de tabac. On travaille le diamant à Amsterdam.

Marine marchande. - Au xviie siècle, les Hollandais étaient les rouliers des mers. Actuellement, cette puissance maritime a bien diminué, mais elle est encore importante, à cause des colonies hollandaises. Rotterdam est le plus grand port. -

Commerce. - Le commerce s'élève à **9 milliards**, dont 176 millions avec la France.

Importations : matières premières, bois, pierres, houille, minerais, café, thé, épices, coton, laine.

Exportations : bestiaux, beurre, fromages, tissus.

Colonies. - C'est la 3e puissance coloniale du monde après l'Angleterre et la France. Ses colonies sont :

Sumatra, Java, les **Célèbes**, les **Moluques**, la plus grande partie de Bornéo, la Guyane, Curaçao, en tout 38.000.000 h.

La Belgique.

Géographie physique.

Superficie : **29.000 km²**.
La Belgique n'a pas de frontières naturelles.

Relief du sol. - Le relief comprend.
1° **Au sud-est**, le plateau des **Ardennes** (300^m); point culminant, la Baraque Michel (674^m). C'est un plateau schisteux, imperméable, encombré de marais boueux (*Hautes-Fagnes*);
2° **Les terrains carbonifères** au nord de la Meuse (*L'Hesbaye*);
3° **Les plaines du Brabant et de la Flandre**;
4° **Les polders** près de la côte.

Climat. - La Belgique jouit d'un climat modéré et humide dans les plaines; beaucoup plus rude sur les Ardennes.

Hydrographie. - Les 2 fleuves importants sont la Meuse et l'Escaut, venus de France.
La **Meuse** se creuse d'abord un étroit sillon dans le plateau des Ardennes; puis le longe. Elle reçoit la Lesse, l'Ourthe, la Sambre.
L'**Escaut**, au cours lent, aboutit à Anvers; il est grossi du Rupel et de la Lys.
Tous les deux sont navigables.

Côtes. - La côte belge a peu d'étendue (70 k^m). C'est une côte droite, basse, sablonneuse, bordée de dunes et de digues.

Géographie politique.

Population. - 7.428.000 h. en 1911, 255 par km². C'est une des régions les plus peuplées du monde.
La population comprend **des Flamands**, au nord, d'origine allemande; **des Wallons**, d'origine française.
On parle le français et le flamand.
Les Belges sont catholiques.

Gouvernement. - La Belgique est une monarchie constitutionnelle (*Albert Ier*) et un pays neutre.

La Hollande

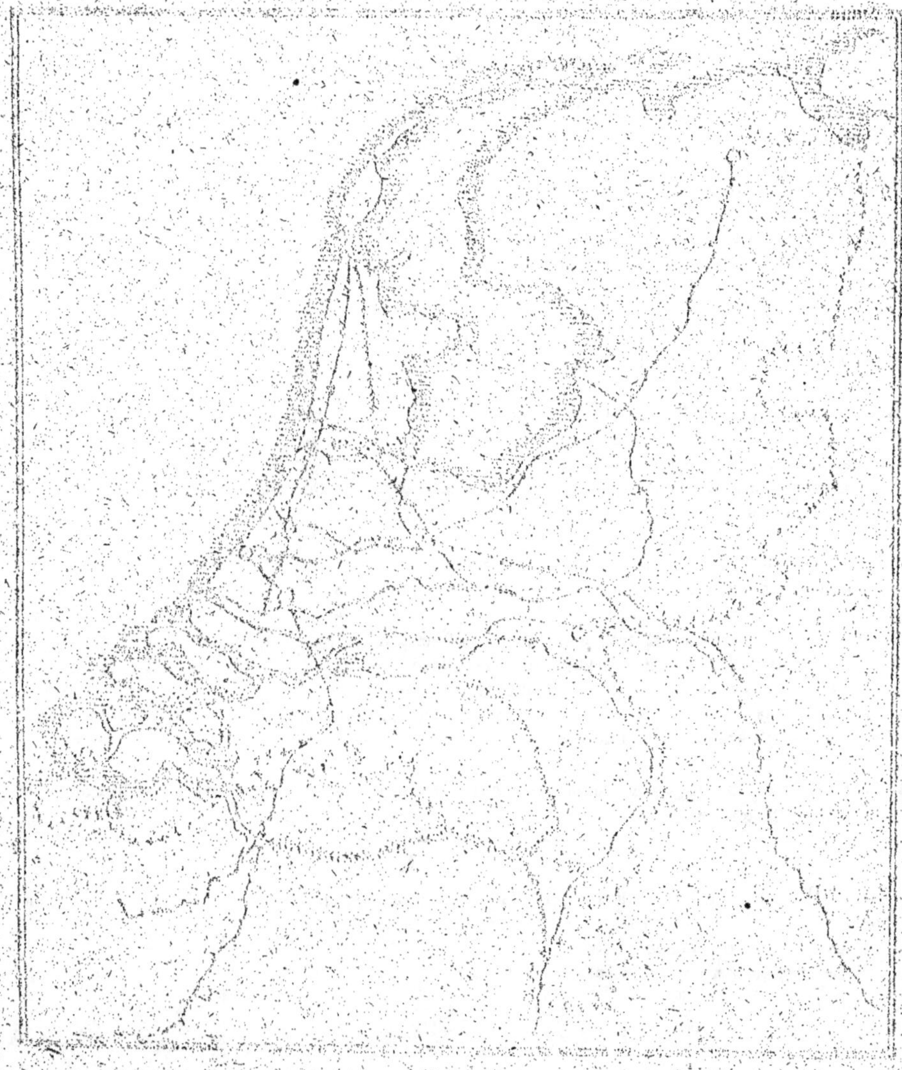

Villes. - Bruxelles (177 — 720 *avec ses faubourgs*), la capitale ; **Anvers** (300), à l'embouchure de l'Escaut ; **Liége** (170), un grand centre industriel ; **Gand** (160), Ostende, Malines, Charleroi, Namur.

Géographie économique.

La Belgique est un pays riche. Son sol est fertile et le sous-sol renferme de la houille et des minerais.

Agriculture. - Les Ardennes sont peu fertiles, mais les plaines de la Flandre et du Brabant le sont beaucoup.
Céréales, betteraves, lin, tabac, colza, fleurs.
On élève des vaches et des chevaux.

Productions minières. - De la houille, 24.000.000 t., dans le Borinage, à Mons, Charleroi, Liége ;
Fer, zinc, plomb, dans les environs de Liége ;
Marbres et ardoises, dans les Ardennes.

Industrie. - Les 2 principales industries belges sont : la **métallurgie et les tissages.**
Les centres métallurgiques sont : Liége, Seraing (*usine Cockerill*), Charleroi, Mons, Bruxelles.
On tisse des draps à Verviers, des toiles à Gand. **Les dentelles** de Malines et de Louvain sont renommées.

Voies de communication. - Les fleuves sont navigables ; les canaux et les chemins de fer sont nombreux. Anvers a un tonnage bien supérieur à celui de Marseille.

Commerce. - Le commerce est très actif, 7.672 millions, en 1910.
Importations : laine, lin, peaux, denrées alimentaires ;
Exportations : tissus, produits métallurgiques, houille.
La France vient au premier rang parmi les nations qui font du commerce avec la Belgique. Il s'élève à 1.473 millions.

Colonies. – Le roi des Belges a été longtemps le souverain du **Congo** ; depuis 1908, le Congo est une colonie belge.

LE LUXEMBOURG. - Entre la France, l'Allemagne et la Belgique est un petit duché, le Luxembourg (2.600 km² et 240.000 h.).
La capitale est **Luxembourg** (25).
Ce pays renferme de riches mines de fer.

La Belgique

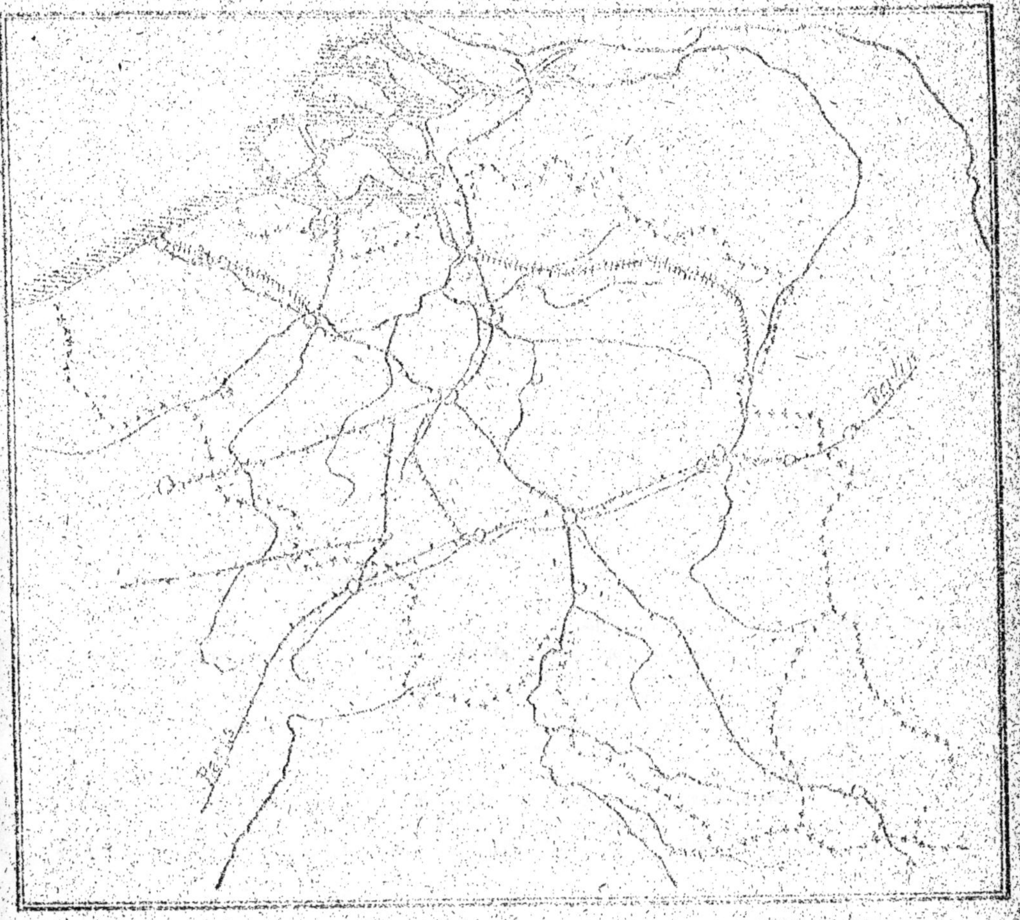

Les Alpes.

Les Alpes servent d'ossature au continent européen. Par leurs glaciers, elles constituent un grand réservoir où viennent s'alimenter les grands fleuves de l'Europe centrale.

Dimensions. – Elles s'allongent en forme d'arc de cercle de Nice à Vienne (*longueur* 1.200 km – *largeur de* 150 à 300 km – *superficie* 250.000 km2). Elles ont la forme d'une écrevisse.

Formation. – Les Alpes sont de formation récente. Elles résultent d'un plissement dit méditerranéen ou alpin : une poussée centrale fit émerger un soulèvement granitique qui dépassa les hauteurs calcaires. Aussi les hauts sommets sont granitiques, tandis que les contreforts sont calcaires.

Caractères généraux. – Les Alpes ne forment pas une chaîne continue ; c'est plutôt un ensemble de massifs séparés par de profondes vallées, tantôt transversales, souvent longitudinales dans leur partie supérieure.

Les pentes sont abruptes du côté de la petite courbure, et plus douces vers la grande. Les sommets sont élevés ; mais les cols, relativement bas, sont d'un accès assez facile.

Zones de végétation. – On distingue 4 zones de végétation :
1º Jusqu'à 600m, c'est la région des cultures ;
2º De 600 à 1.500m, ce sont des prairies, des forêts, entremêlées de quelques cultures ;
3º De 1.500 à 2.800m, des prairies et malheureusement trop souvent la roche nue ;
4º Au-dessus de 2.800m, les neiges éternelles et les glaciers.

Grandes divisions. – On peut diviser les Alpes en 3 parties :
1º Les Alpes occidentales ou franco-italiennes, du col de Catibone (*près de Gênes*) au mont Blanc (4.810m) : Alpes de Provence, du Dauphiné, de Savoie ;
2º Les Alpes centrales, du mont Blanc au col de Brenner ; ce sont les plus imposantes ; les glaciers sont nombreux et beaucoup de sommets dépassent 4.000m : les Alpes Pennines (*mont Rose*, 4.640m), le massif du Saint-Gothard, les Alpes Bernoises, les Alpes du Tessin, le massif de Bernina, l'Ortler ;
3º Les Alpes orientales, qui s'abaissent graduellement jusqu'à Vienne : Alpes de Salzbourg, Alpes Noriques, Alpes Autrichiennes, Alpes Carniques.

Les principaux glaciers sont : les glaciers du mont Blanc, d'Aletsch dans les Alpes Bernoises.

Cols et chemins de fer. – 6 grandes lignes ferrées traversent les Alpes :
1º De Lyon à Turin, par le mont Cenis (13 km) ;
2º De Genève à Milan, par le Simplon (20 km) ;
3º De Bâle à Milan, par le Saint-Gothard (15 km) ;
4º De Munich à Vérone, par le Brenner ;
5º De Vienne à Trieste, par le Tarvis ;
6º De Bâle à Vienne, par l'Arlberg.

Ajoutons à ces cols importants ceux du mont Genèvre, du Splugen, de la Maloïa.

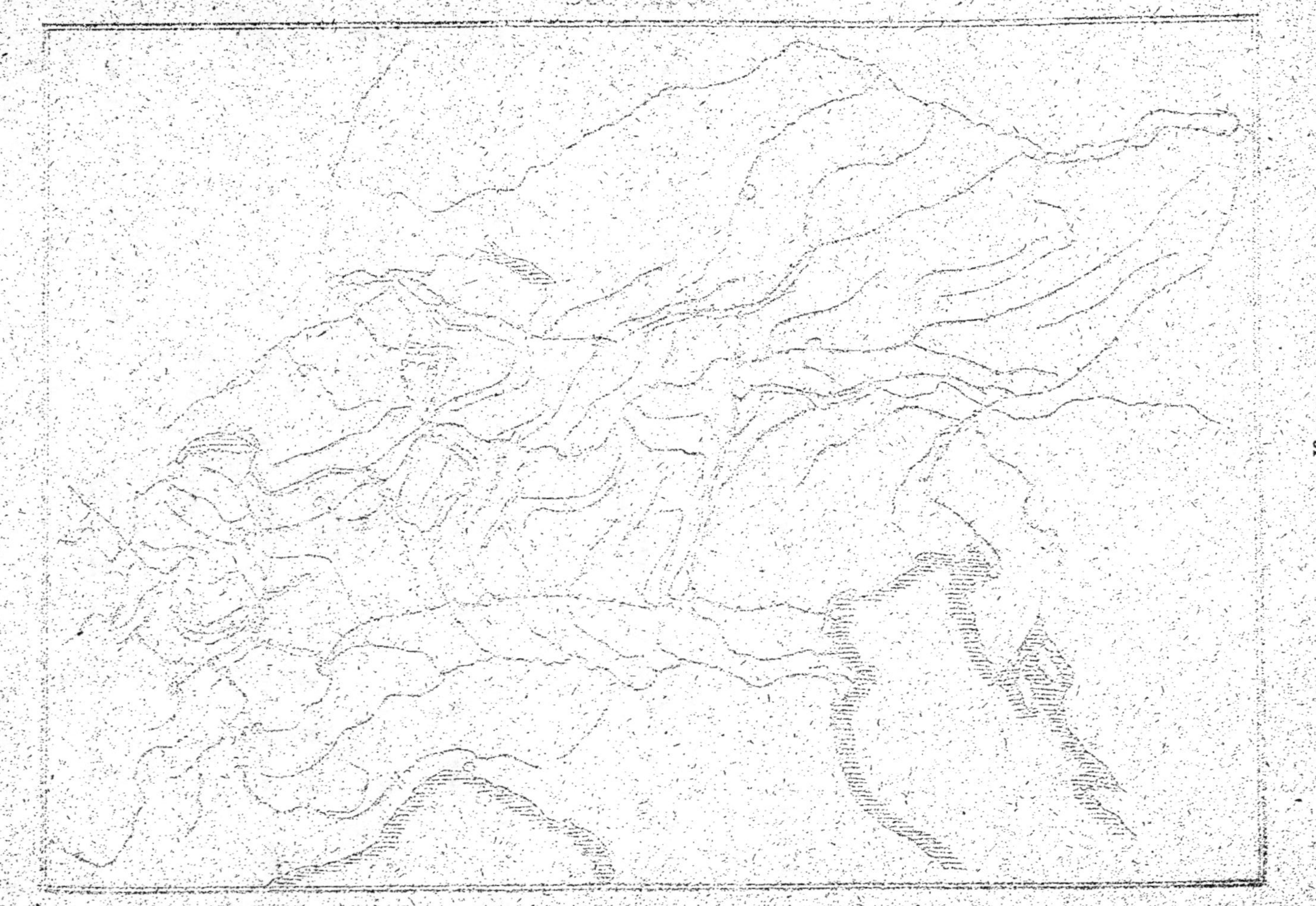
Les Alpes

La Suisse.

Géographie physique.

Superficie : 41.000 km2.
La Suisse n'a pas accès sur la mer.

Relief du sol. - Les deux tiers de la Suisse sont couverts de montagnes :
1o **Au sud**, les **Alpes centrales**, Alpes Pennines *(mont Cervin* 4.480m), le massif du Saint-Gothard, l'Adula, les Alpes Bernoises *(la Jungfrau* 4.160m, *le glacier d'Aletsch)*, les Alpes des 4 cantons *(Rigi)*, les Alpes de Glaris ;
2o **A l'ouest**, le Jura, abrupt du côté suisse ;
3o **Au centre**, la plaine suisse (400m) qui va du lac de Genève au Rhin.

Climat. - Le climat est rigoureux, les pluies sont abondantes.

Hydrographie. - Le Saint-Gothard constitue un véritable centre de dispersion des eaux. La plupart des cours d'eau y prennent leur source *(Rhin, Rhône, Aar, Reuss, Tessin)*.
Tous sont rapides et traversent des lacs qui les clarifient.
Le **Rhône**, vers l'ouest *(lac de Genève)* ;
Le **Rhin**, vers l'est *(lac de Constance)*. La Suisse ne possède que le bassin supérieur de ce fleuve. Son principal affluent est l'**Aar** *(lacs de Brienz, de Thun, de Bienne)*, grossie de l'Orbe *(lac de Neuchâtel)*, de la Reuss *(lac des 4 Cantons)*, de la Limmat *(lac de Zurich)*.
Au sud, coule le **Tessin** *(lac Majeur)*,

Géographie politique.

Population. - 3.736.000 h. en 1910, dont 2.600.000 parlent l'allemand, 800.000 le français, 300.000 l'italien.
Malgré cela, tous ces peuples sont étroitement unis par un vif sentiment patriotique.
La moitié est protestante et l'autre moitié catholique.

Gouvernement. - La Suisse forme une république fédérale *(Confédération Helvétique)*, composée de 22 cantons qui ont chacun une administration particulière. Le gouvernement central comprend un Président, une Assemblée fédérale et un Conseil fédéral.
C'est un **pays neutre** depuis les traités de 1815.

Villes. - Berne (85), la capitale ; Zurich (189), un grand centre industriel ; Bâle (135), Genève (125), Lauzanne, Neuchâtel.

Géographie économique.

La Suisse ne peut être, ni un pays agricole, ni un pays métallurgique, parce qu'il y a peu de terres labourables et peu de minerais. Mais grâce aux chutes nombreuses et puissantes, l'industrie mécanique y est très prospère.

La Suisse (carte physique)

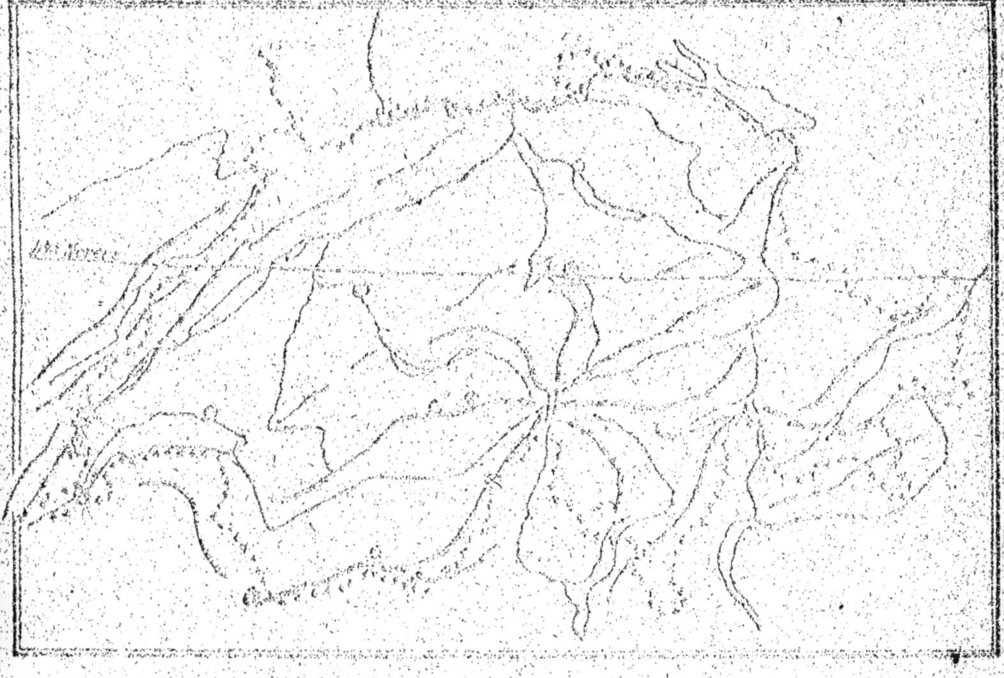

Agriculture. – Des forêts de sapins et de hêtres couvrent les montagnes.

Les pâturages, nombreux dans le Jura et les Alpes, permettent l'élevage des vaches laitières (*beurre, fromage de gruyère*).

Dans la plaine, on cultive des céréales, des pommes de terre et même de la vigne.

Dans la vallée du Tessin, on élève le ver à soie.

Industrie. – L'industrie suisse, d'abord cantonnée dans l'horlogerie, a fait de rapides progrès depuis l'application de l'électricité.

Les écoles techniques procurent à l'industrie d'habiles ingénieurs et ouvriers.

Horlogerie *(montres)*, le long de la frontière française, Genève, Neuchâtel, La Chaux-de-Fonds ;

Construction de machines, Winterthur, Zurich, Schaffouse, Liestal ;

Tissus de coton et de soie, Zurich, Bâle *(rubans)* ;

Bois sculptés.

Fabriques de chocolat *(exportation en 1910 : 36.386.000 fr.).*

Voies de communication. – Depuis les grandes percées des Alpes, la Suisse est devenue un pays de passage. C'est à travers elle que se font la plus grande partie des échanges entre l'Europe septentrionale et l'Europe méridionale. Ses grandes voies ferrées sont :

1° **De Bâle à Milan**, par le Saint-Gothard (15 km) ;

2° **De Lauzanne à Milan**, par le Simplon (20 km) ;

3° **De Paris à Vienne**, par Bâle, Zurich et le col d'Arlberg.

Commerce. – Le commerce s'est élevé à **2.910 millions** en 1910.

Importations : 1.714 millions, produits alimentaires, métaux, houille, coton, soie.

Exportations : 1.196 millions, tissus de coton et de soie, horlogerie (147.000.000 francs), fromage, bois.

Avec la France. – Dans ce commerce, la France vient au deuxième rang après l'Allemagne.

Nous achetons pour 134.000.000 fr., montres et chocolat.

Nous vendons pour 374.000.000 fr., vins, produits alimentaires, tissus.

Suisse (carte physique et économique)

L'Autriche-Hongrie.

Géographie physique.

L'Autriche-Hongrie occupe le centre de l'Europe.

Superficie : **676.000 km²** avec la Bosnie-Herzégovine annexée en 1908.

Ce vaste empire manque d'unité et groupe un certain nombre de régions naturelles dont les plus importantes sont la **Bohême**, la région alpestre, la plaine de Hongrie, les **Karpates**, la **Pologne autrichienne**, la région de l'Adriatique.

Sur beaucoup de points, il n'y a pas de frontières naturelles.

Relief du sol. - Le relief comprend une belle plaine centrale entourée de montagnes :

1° A l'ouest, la partie orientale des Alpes (*voir leçon sur les Alpes*).

2° **Les Karpates**, disposées en arc de cercle : les Petites Karpates, le massif de Tatra (2.600ᵐ), les Karpates proprement dites et les Alpes de Transylvanie (2.500ᵐ), formant plateau ;

3° Au nord, le **plateau de Bohême**, encadré de montagnes : forêt de Bohême, Erz-Gebirge, collines de Moravie ;

4° **La plaine hongroise**, au centre, formée de terrains d'alluvions.

Climat. - Dans son ensemble, le climat est continental, mais varié. En Bohême, il est tempéré ; rigoureux sur les Alpes ; chaud en été, froid en hiver dans la plaine hongroise ; doux et maritime vers l'Adriatique.

Hydrographie. - A part les fleuves extérieurs tels que l'Elbe, l'Oder, la Vistule, le Dniestr, l'Adige, le grand fleuve autrichien est le **Danube** qui sert de lien aux différentes régions qui composent l'empire. Il prend sa source dans la Forêt Noire en Allemagne. Resserré jusqu'à Vienne, il prend son véritable développement dans la plaine hongroise où il est très large et encombré d'îles. Il traverse les Alpes de Transylvanie aux Portes de Fer, défilé qui a gêné longtemps la navigation. Il pénètre ensuite dans la plaine de la Valachie où il s'étend de nouveau et se jette dans la Mer Noire par 3 branches.

Il reçoit la Morawa, la Theiss, l'Inn, la Drave, la Save.

Côtes. - L'Autriche touche à l'Adriatique dont les côtes sont rocheuses, découpées et bordées d'îles (*golfes de Trieste, de Fiume*).

Géographie politique.

Population. - 49.000.000 h. Cette population est très variée ; elle appartient à 4 races :

1° **Les Slaves**, 23.000.000 (*Tchèques de Bohême, Polonais, Croates, Serbes*), ont une influence très limitée ;

2° **Les Allemands**, 11.000.000, près de Vienne (*classe dirigeante*) ;

3° **Les Hongrois ou Magyards**, 8.000.000 ;

4° **Les Latins**, Italiens et Roumains.

Le catholicisme est la religion dominante.

Gouvernement. - Depuis 1867, toutes les provinces ont été groupées en 2 états : **l'Autriche et la Hongrie**. Chacun d'eux a son administration propre (2 *parlements, 2 ministères*). Le souverain est empereur d'Autriche et roi de Hongrie.

Autriche-Hongrie (carte physique)

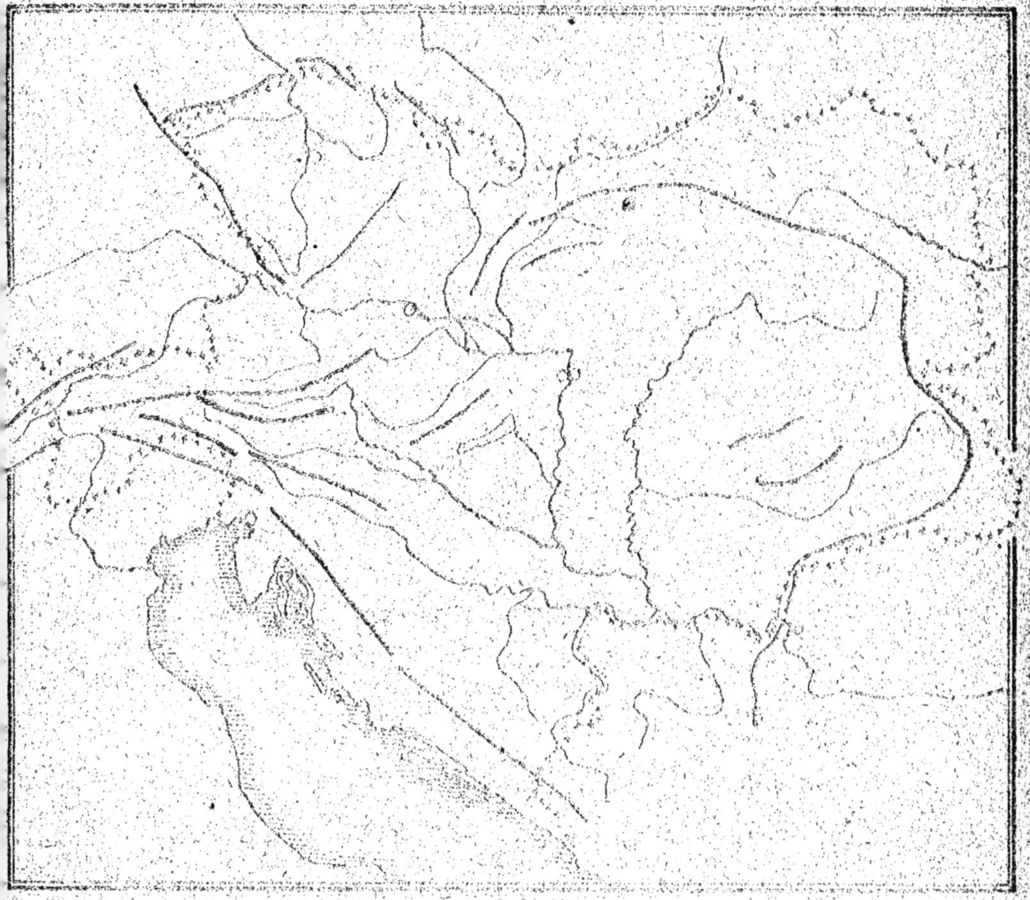

Villes. - **Vienne** (1.980), la capitale de l'Autriche ; **Buda-Pest** (870), la capitale de la Hongrie ; **Prague** (226), en Bohême ; **Lemberg** (180), **Cracovie** (105), **Graz** (156), **Trieste** (196), le port le plus important ; Szegedin.

Géographie économique.

L'empire austro-hongrois est assez riche ; la Hongrie est surtout agricole, l'Autriche industrielle. Mais la diversité des races, l'éloignement de la mer gênent beaucoup le développement économique de l'empire, développement qui est d'ailleurs tout récent.

Agriculture. - La Hongrie, la Bohême et la Galicie sont fertiles. Elles produisent :
Du blé, du maïs, en Hongrie ;
De la pomme de terre, en Galicie ;
De la betterave, du houblon, en Bohême et en Moravie ;
Des vins sur le flanc méridional des Karpates (*Tokay*) ;
Des bois sur les montagnes.
C'est aussi un pays d'élevage ;
Chevaux, bœufs, porcs *(en Hongrie)* et moutons.

Productions minières. - Il y a 3 régions minières :
1° La Bohême, riche en houille, fer et plomb ;
2° La Styrie, la Carinthie, riches en fer ;
3° La Transylvanie, riche en argent, plomb, cuivre.
Houille (40.000.000 t.), pétrole en Galicie, fer en Styrie, **plomb, cuivre, mercure** (*Idria*) ;
Sel gemme, en Galicie *(Wieliczka)*.

Industrie. - L'industrie a été longtemps délaissée ; mais, depuis quelques années, elle fait de rapides progrès.
Métallurgie à Graz, Prague, Vienne ;
Chantiers de constructions maritimes, à Trieste, Fiume ;
Cristallerie, verrerie, céramique en Bohême, à Pilsen, Eger ;
Tissages à Brünn ;
Meuneries, pâtes alimentaires à Vienne, Buda-Pest ;
Raffineries, distilleries, brasseries en Bohême.

Voies de communication. - Le Danube et les canaux qui le relieront bientôt aux fleuves allemands, formeront un beau réseau de voies navigables. Les chemins de fer sont nombreux (44.000 k^m) :
1° L'orient-express, de Paris à Constantinople par Vienne et Buda-Pest ;
2° Trieste-Vienne-Cracovie ;
3° Fiume-Buda-Pest-Lemberg.
Trieste est le port le plus important (8.500.000 t.).

Commerce. - Le commerce n'est pas encore très actif pour un pays aussi important. Il a été de 5.535 millions en 1910.
Importations : coton, laine, soie, houille, machines.
Exportations : bois, blé, animaux, sucre, cristaux.

Avec la France. - 134 millions. Nous achetons des bois, des bestiaux, des peaux.
Nous vendons des vins, des tissus.

Autriche-Hongrie (carte politique et économique)

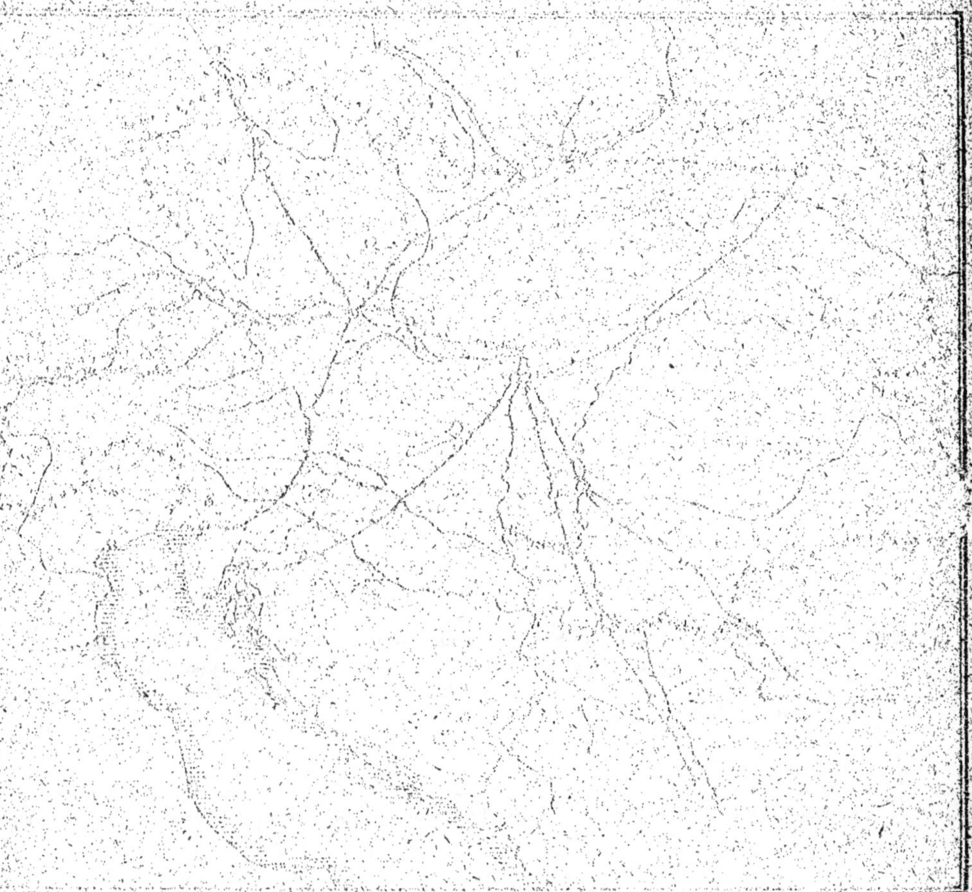

L'Italie.

Géographie physique.

L'Italie comprend :
1° **La plaine du Pô ;**
2° **La longue péninsule** qui s'avance au milieu de la Méditerranée ;
3° **La Sicile, la Sardaigne, l'île d'Elbe.**
Superficie : **286.000 km2.**

Relief du sol. - Il peut se diviser en 3 parties :
1° **Le versant méridional des Alpes :** Alpes franco-italiennes (*Viso* 3.843m), les Alpes Pennines (*Mont Rosé* 4.640m), les Alpes du Tessin, les Alpes Cadoriques ;
2° **Le système péninsulaire,** l'Apennin qui traverse la péninsule dans toute sa longueur (1.600 km) : le Gran Sasso d'Italia (2.920m), le plateau des Abruzzes, le Vésuve *(volcan)* et les monts de la Calabre ;
3° **La plaine du Pô,** inclinée vers l'Adriatique.
La Sicile et la Sardaigne sont très montagneuses (*le volcan de l'Etna* 3.300m).

Climat. - On distingue 2 régions climatériques :
1° La plaine du Pô au climat continental, froid en hiver, chaud en été ;
2° La péninsule au climat maritime, chaud et sec (*sirocco*).

Hydrographie. - La forme du pays et la disposition des montagnes font qu'il n'y a, en Italie, qu'une seule région où puisse se développer un fleuve important, c'est la plaine lombarde où coule le **Pô** (673 km), alimenté par de nombreux affluents venus des Alpes et de l'Apennin (*Tessin, Adda, Oglio, Mincio, Tanaro*).
Citons encore l'**Arno,** le **Tibre** (*Rome*), l'Adige.

La côte est d'abord haute au fond du golfe de Gênes, puis basse et marécageuse ; elle redevient haute en Calabre. La côte de l'Adriatique est généralement basse, bordée de lagunes au nord.

Géographie politique.

Population. - 34.686.000 h. en 1911, 116 au km2. Cette population s'accroît assez rapidement, les naissances dépassant de 380.000 les décès. Mais l'Italie est pauvre et un grand nombre d'Italiens émigrent (*aux Etats-Unis, au Brésil, en France*).
Quoique cette population soit d'origine latine et grecque, elle n'est pas absolument semblable. Le Piémontais est travailleur, tandis que le Napolitain est paresseux et indolent.
L'Italie est un état catholique.

Gouvernement. - L'unité italienne est toute récente ; elle a été terminée en 1870. Elle forme une monarchie constitutionnelle.

Villes. - **Rome** (507), la capitale, remarquable par ses monuments ; **Naples** (572), **Milan** (552), **Turin** (370), **Palerme** (322), **Gênes** (248), **Florence** (236), **Venise** (150), **Bologne** (160), **Catane** (160).

Italie (carte physique)

Géographie économique.

Le royaume d'Italie, comme l'Allemagne, est devenu relativement prospère depuis son unification. De nombreuses causes ont gêné son développement économique (une mauvaise situation financière, la lourdeur des impôts, son rapprochement de l'Allemagne, le manque de minerais). Actuellement, il semble faire des efforts pour atténuer les effets d'une mauvaise politique. C'est un pays essentiellement agricole.

Agriculture. — La plaine du Pô est très fertile ; le midi l'est très peu.

Forêts, sapin, pin, chêne, tilleul ;

Céréales, blé, riz, maïs *(polenta)*, dans la vallée du Pô ;

Lin, chanvre, plaine du Pô *(Bologne)* ;

Vins *(Asti, Marsala)*, olives, oranges, citrons, dans la péninsule.

On élève des vers à soie (3e rang, 7.000.000 *kilos de cocons*) ; **des bœufs**, des chevaux dans la plaine du Pô ; des moutons dans la péninsule.

On pêche le thon, la sardine, le corail et l'éponge.

Industrie. — Pas de houille ; quelque peu de fer *(Elbe, Sardaigne)*, **du soufre** en Sicile, **du marbre** à Carrare.

L'industrie italienne se développe assez rapidement dans le nord, grâce aux chutes nombreuses des torrents des Alpes.

Métallurgie à Saint-Pierre-d'Aréna près de Gênes, Milan, Turin ;

Chantiers de constructions maritimes à Spezzia ;

Tissus de soie, Milan, Gênes, Côme ;

Tissus de coton, Milan, Gênes.

L'industrie des pâtes alimentaires est florissante.

Voies de communication. — Les fleuves italiens ne sont pas navigables sauf le Pô ; aussi les principales voies de communication sont les chemins de fer (16.900 km), la plupart à voie unique.

De grandes lignes internationales traversent les Alpes :

1° Lyon-Turin par le Cenis ;

2° Lauzanne-Milan par le Simplon ;

3° Bâle-Milan par le Saint-Gothard ;

4° Munich-Vérone par le Brenner.

Les 3 principaux ports sont : **Gênes** (15.000.000 t. en 1910), Naples et Venise.

Commerce. — Le commerce italien monte progressivement : **5.527 millions** en 1911.

Importations : 3.358 millions, blé, coton, laine, houille, bois, machines.

Exportations : 2.169 millions, soie filée (383), tissus de coton et de soie, fromage, huile d'olive, vins, soufre, chapeaux *(d'après le* Moniteur officiel du Commerce).

Avec la France. — Nos relations commerciales avec l'Italie furent excellentes jusqu'en 1887 ; mais à la suite de son rapprochement avec l'Allemagne, elles baissèrent très sensiblement. Depuis quelques années, ces relations deviennent meilleures parce que l'Italie est revenue à de meilleurs sentiments envers nous. Nous occupons le 4e rang, avec 535 millions, après l'Allemagne, l'Angleterre et les Etats-Unis.

Colonies. — Les Italiens ont voulu avoir des colonies ; mais ils n'ont pas réussi dans leurs entreprises *(Ménélick les battit)*. Ils possèdent : l'Erythrée *(Massouah)*, **la Côte des Somalis**.

Ils viennent d'annexer la **Tripolitaine** (1912).

Italie (carte politique et économique)

La Péninsule Ibérique.

Géographie physique.

La Péninsule Ibérique comprend l'Espagne, le Portugal et les îles Baléares (*Majorque, Minorque*).

Superficie : 500.000 km2 pour l'Espagne, 91.000 km2 pour le Portugal.

C'est la péninsule la moins découpée de toute l'Europe. **Ses formes sont massives.** Par son relief et son climat, elle ressemble au nord de l'Afrique, dont elle n'est séparée que par le détroit de Gibraltar (13 km). C'est une région de transition.

Relief du sol. - **La Péninsule Ibérique forme un vaste plateau divisé en deux par des chaines de montagnes :**

1º Le plateau de la vieille Castille (800 à 1.100m), au nord, bordé par les monts Cantabriques et les monts Ibériques ;

2º Le plateau de la nouvelle Castille (500m), au sud, séparé du précédent par les Sierra de Gata et de Guadarama, et bordé par les monts Universales et la Sierra de Morena ;

3º Au nord, la **chaine des Pyrénées** (3.400m) ;

4º Au sud, la **Cordillère Bétique** (*Sierra Nevada*, 3.480m) ;

5º Entre ces chatnes et plateaux, quelques plaines : celle de l'**Andalousie** *(vallée du Guadalquivir)*, les **Huertas** et la vallée de l'Ebre,

Climat. - Le climat est essentiellement continental ; les étés sont très chauds et secs, les hivers froids.

Les côtes jouissent d'un climat doux.

Hydrographie. - Les fleuves ont des chutes et un débit très irrégulier. On ne peut les utiliser que pour l'irrigation.

Ce sont : le Douro, le **Tage** (885 km), le **Guadiana**, le **Guadalquivir**, le plus navigable, l'**Ebre** (750 km).

Côtes. - Les côtes ne présentent aucune articulation, aucune baie s'avançant profondément dans les terres. Partout où les montagnes sont proches, les côtes sont rocheuses et élevées.

Le Portugal.

La République de Portugal est entièrement tournée vers l'Atlantique.

Son relief est constitué par un ensemble de terrains qui s'abaissent graduellement vers la mer.

Péninsule Ibérique (carte physique)

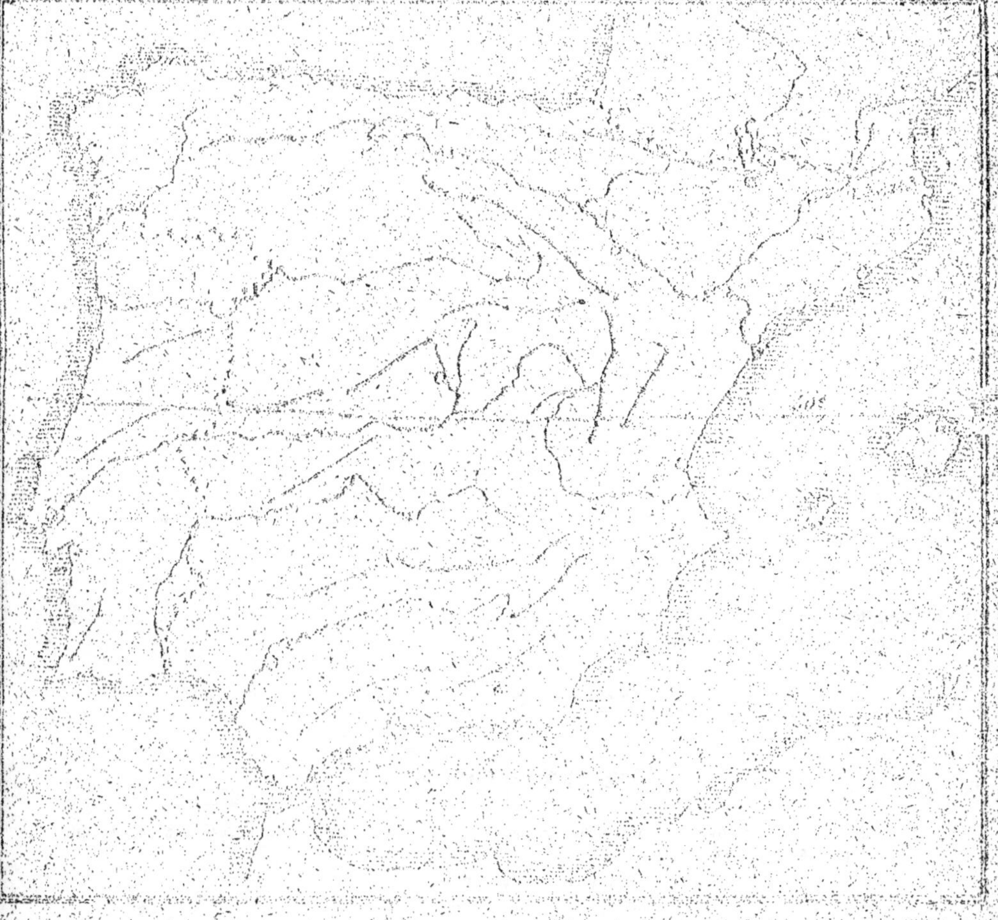

Péninsule Ibérique (carte physique)

Géographie politique.

Sa population est de 5.400.000 h.
Le Portugal forme une république.

Villes. - Lisbonne (350), la capitale et un grand port ; Porto (170), Coïmbre.

Géographie économique.

La principale ressource est la vigne (*Porto*), puis l'oranger, le citronnier, **l'olivier et le** chêne-liège.
Il n'y a pas de minerais.
Le commerce s'élève à 100 millions.
Le Portugal possède : la Guinée portugaise, l'Angola, l'Afrique orientale portugaise, Diu, Goa, la 1/2 de Timor.

L'Espagne.

Population. - 19.860.000 h. en 1910. L'intérieur est peu peuplé ; la Galicie et la Catalogne le sont beaucoup. 50.000 émigrants quittent le pays pour l'Amérique du Sud.
Le catholicisme est la religion de la plupart des Espagnols.

Gouvernement. - L'Espagne forme une monarchie constitutionnelle avec un roi (*Alphonse XIII*) et deux chambres, les Cortès.

Villes. - Madrid (571), la capitale ; Barcelone (560), le plus grand port et la ville la plus industrieuse du pays ; Valence (215), Séville (155), Cadix, Málaga (133), Murcie (124), Saragosse (105), Valladolid, Bilbao.

Géographie économique.

Le développement économique de l'Espagne n'est pas en rapport avec ses ressources minérales. Ce développement est gêné :
1° Par de fréquentes luttes intestines ;
2° Par le manque de capitaux ;
3° Par le manque de voies de communication.
D'ailleurs, la politique ambitieuse de Philippe II l'a ruinée à tel point qu'elle n'a jamais pu s'en relever.

Agriculture. - La plaine de l'Andalousie et les huertas sont très fertiles ; mais les plateaux, au sol dur et sec, sont peu productifs.
On a déboisé à outrance, si bien que les belles forêts sont rares.
Des chênes-lièges donnant 100.000 quintaux de lièges (*autant que l'Algérie*) ;
Des vins, 24.000.000 h¹ : Malaga, Alicante, Xérès ;
Des olives, des oranges, des citrons, des figues dans les huertas et les Baléares ;
Riz, maïs, blé dans l'Andalousie et les huertas.
On élève des moutons sur les plateaux.

Péninsule Ibérique (carte politique et économique)

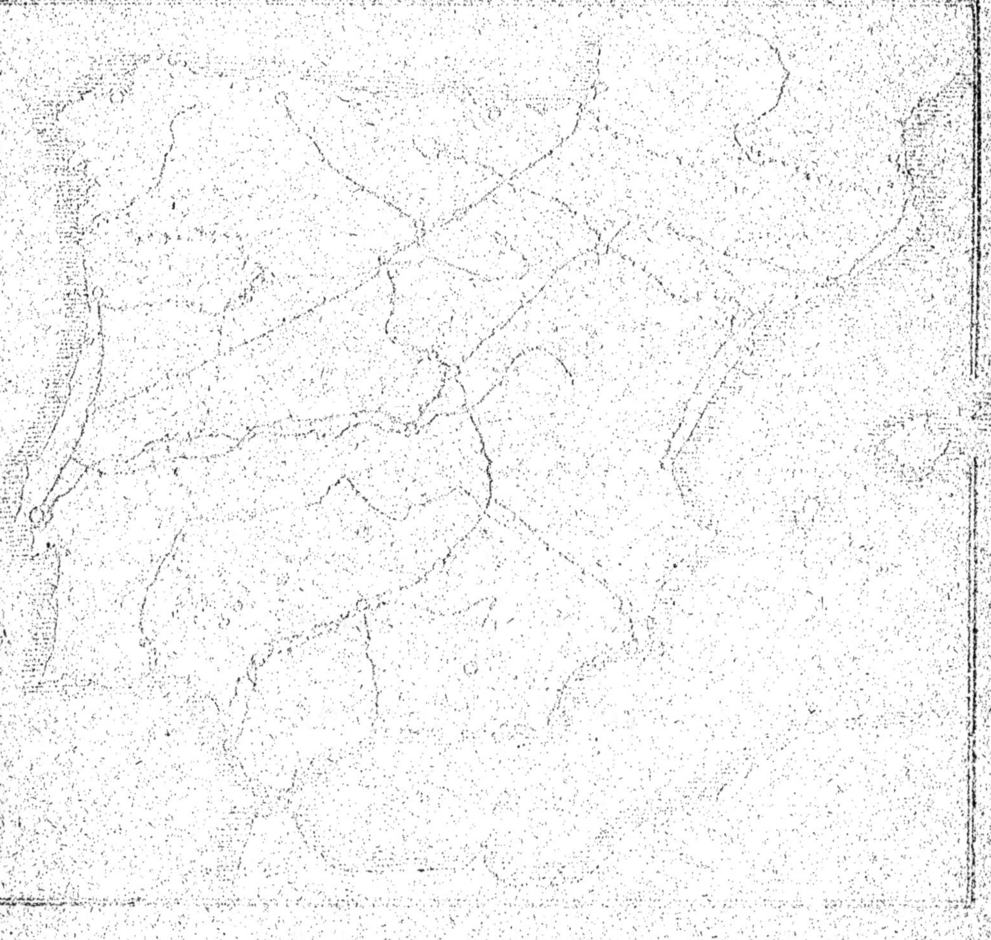

Péninsule Ibérique (carte politique et économique)

Productions minières. - Les minerais sont abondants :
>Houille, 4.000.000 t, près d'Oviedo et à Belmez ;
>Fer, en assez grande quantité près de Bilbao, Malaga ;
>Cuivre, à Rio-Tinto ;
>Mercure, à Almaden ;
>Plomb, zinc, à Linarès.

Industrie. - La plus grande partie de ces minerais est exportée.
>Seules la Catalogne et les provinces basques sont industrielles.
>Barcelone possède des tissages de coton, de laine et de soie.
>Oviedo et Bilbao travaillent le fer. Cordoue a des tanneries ; la Granja, des verreries.

Voies de communication. - Les voies de communication sont difficiles et coûteuses à construire. Les routes sont mauvaises. Le Guadalquivir seul est navigable. L'Espagne possède 14.000 km de voies ferrées.

Commerce. - Il s'est [élevé à 1.957 millions, en 1910.
>Importations : tissus, blé, café, sucre, machines, coton.
>Exportations : vins, huile d'olive, oranges, citrons, figues, minerais et métaux.
>« L'Espagne vit de la vente au dehors des produits de son sol et de son sous-sol. La majeure partie de la Péninsule exporte directement à l'étranger ses fruits et ses minerais : oranges de Valence, raisins frais d'Alméria, raisins secs de Malaga, citrons, amandes, noisettes, grenades, figues et primeurs des régions méditerranéennes, fer, plomb, cuivre mercure, argent. » (*Rapport de consul.*)

Avec la France. - Notre commerce avec l'Espagne est assez actif (336.000.000 fr.).
>Nous vendons des tissus, des bois. Nous achetons des minerais, du liège, des vins.

Colonies. - De l'immense empire colonial fondé après la découverte de l'Amérique, il ne reste plus à l'Espagne que Ceuta, Melilla, les îles Annobon et Fernando-Po.

La Péninsule des Balkans.

Géographie physique.

>Superficie : 575.000 km^2.
>La péninsule des Balkans est très largement soudée à l'Europe ; aucune chaîne ne l'en sépare complètement. Par son relief et son aspect, elle tient à la fois aux terres asiatiques et aux terres européennes. C'est comme l'Espagne, une région de transition.
>Des 3 péninsules méditerranéennes, elle est la mieux articulée.

Relief du sol. - C'est une région très montagneuse ; les massifs sont confus. On peut distinguer :
>1o A l'ouest, le prolongement des Alpes avec le plateau de Messie, le massif du Tchar-Dagh (3.000^m), la chaîne du Pinde et le plateau de Morée ;
>2o Au centre, les Balkans (2.370^m) s'allongent de l'ouest à l'est ; plus au sud, le Despoto-Dagh, le Périm-Dagh.
>Au sud du Danube, la Stara Planina sert de trait d'union entre les Balkans et les Alpes de Transylvanie ;
>3o Des monts isolés : l'Olympe (2.985^m), le Pélion ;
>4o Au nord des Balkans, la belle plaine de la Roumanie arrosée par le Danube et ses affluents ; au sud la plaine de la Roumélie.

Balkans (carte physique)

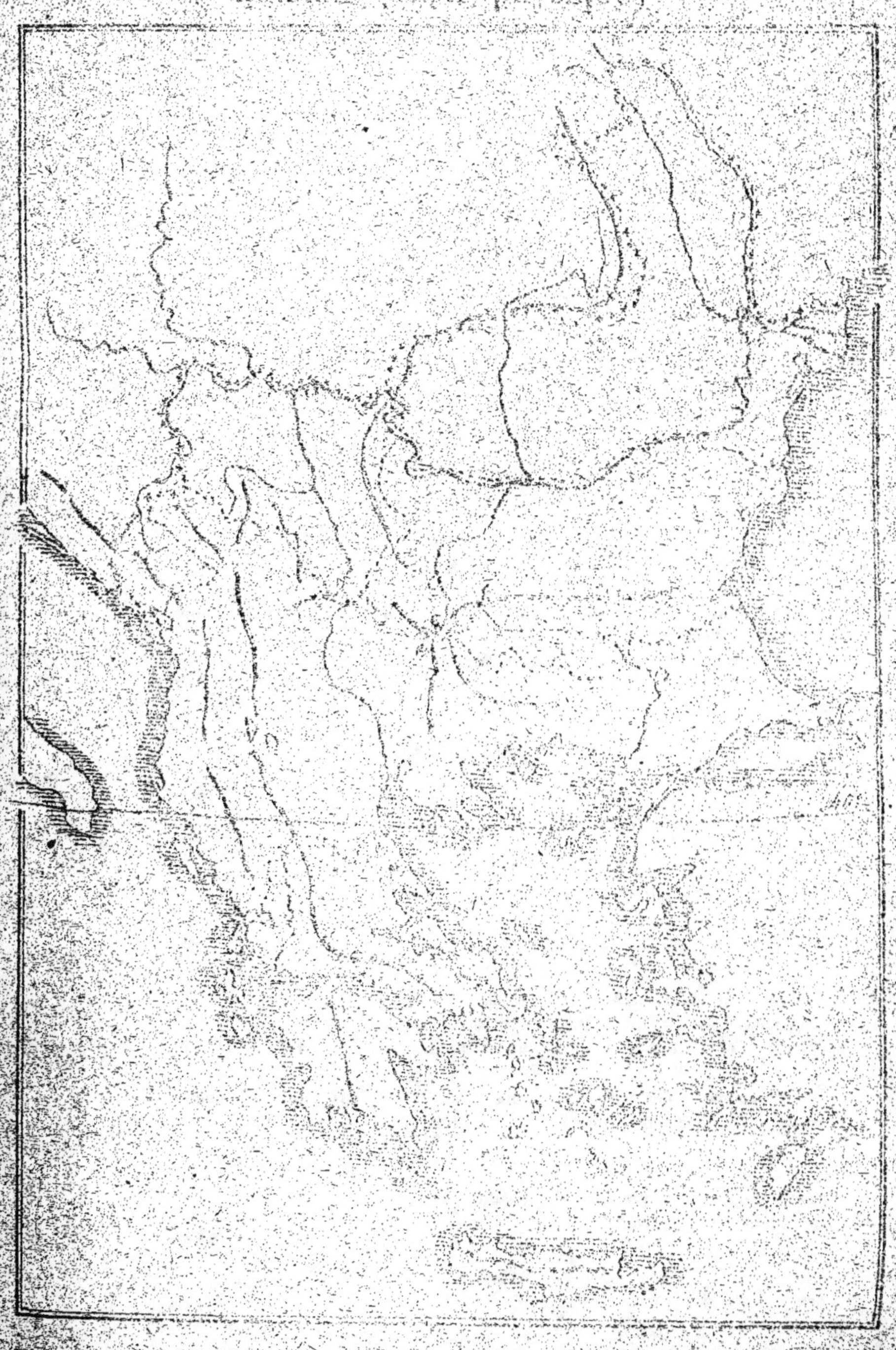

Balkans (carte physique)

Climat. – Le climat est varié. Au nord de la Roumanie, la Serbie et la Bulgarie ont un climat continental, chaud en été, très froid en hiver.
La Turquie est plus chaude. La Grèce jouit d'un climat doux et maritime.

Hydrographie. – Les fleuves sont pauvres et impropres à la navigation, sauf le Danube. Ce sont :
Le bassin inférieur du Danube, la Maritza, le Vardar.

Côtes. – Les côtes sont très découpées, surtout en Grèce. Elles sont, en général, hautes et rocheuses, bordées de nombreuses îles.

Géographie politique et économique.

La presqu'île des Balkans comprend :
1° La Roumanie ;
2° La Serbie ;
3° Le Monténégro ;
4° La Bulgarie ;
5° La Turquie ;
6° La Grèce.

Les Turcs n'ont pas su s'assimiler les différents peuples qui habitent la péninsule, si bien qu'au xixme siècle, le vaste empire turc s'est peu à peu désagrégé.

Voies de communication. – Les voies de communication manquent. Les routes sont mal entretenues et insuffisantes. Le Danube seul est navigable.

Quelques grandes lignes ferrées ont été construites :
1° Orient-Express, Paris-Constantinople par Belgrade, Nich, Sofia, Andrinople ;
2° De Nich à Salonique ;
3° Des Portes de Fer à Varna, sur la Mer Noire.

La Roumanie.

La Roumanie, située entre le Danube et les Alpes de Transylvanie, est une vaste plaine.

Population. – 6.600.000 h. de race latine, professant la religion grecque.
Elle forme un royaume constitutionnel.

Villes. – Bucarest (296), la capitale ; Galatz (64), Jassy (80).

Agriculture. – La plaine de Roumanie est très fertile. Elle produit :
Du blé (39.000.000 hl), du maïs, betteraves, haricots.
Des bois et des vins sur le flanc des montagnes.

Industrie. – La Roumanie a des puits de pétrole (1.352.000 t.), des mines de houille.
L'industrie se développe : raffineries de pétrole, raffineries de sucre, minoteries.

Commerce. – Il atteint 833.000.000 fr.
Importations : tissus, métaux, objets fabriqués.
Exportations : blé, pétrole.

Péninsule des Balkans (carte politique et économique)

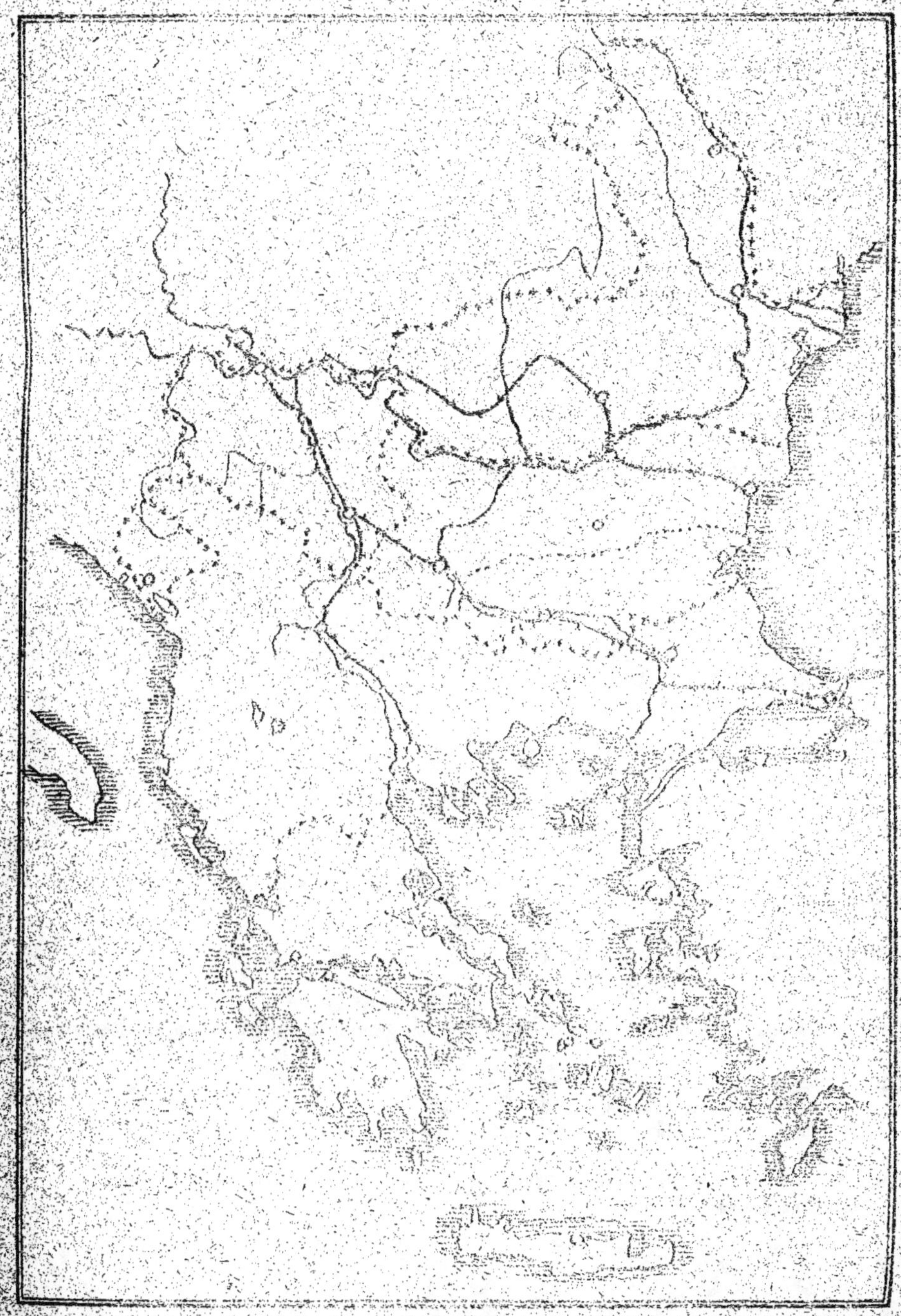

La Serbie.

La Serbie est très montagneuse.

Population. — 2.700.000 h. de race slave, professant la religion grecque.
C'est une monarchie constitutionnelle.

Villes. — Belgrade (80), la capitale ; Nich (25).

Agriculture. — Il y a peu de terres cultivables. Le pays produit :
Des bois (*chênes*), du blé, des fruits.
On élève des moutons et des porcs.

Industrie. — On trouve quelques minerais : houille, cuivre, plomb.
L'industrie des tapis a seule une certaine importance.

Commerce. — Il s'élève à 120.000.000 fr.
Importations : tissus, machines, objets fabriqués.
Exportations : blé, fruits (*prunes*), porcs.

Le Monténégro.

Le Monténégro est un tout petit état d'une population de 230.000 h. La capitale est Cettignes (4) ; le port Dulcigno.
On y pratique l'élevage.

La Bulgarie.

Située de part et d'autre des Balkans, la Bulgarie vient d'annexer définitivement la Roumélie.

Population. — 4.000.000 h. de race slave.
Elle forme une principauté (*tsar*).

Villes. — Sofia (83), la capitale ; Philippopoli (46), la capitale de la Roumélie ; Routschouk, Varna.

Agriculture. — On cultive dans les plaines :
Le blé, le riz, la vigne, les fleurs (*roses*).
On élève des vers à soie, des bœufs et des moutons.

Industrie. — Il y a des gisements de houille et de fer. L'industrie n'est qu'à ses débuts : fabrication de l'essence de rose.

Commerce. - Il s'est élevé à 306.000.000 francs en 1910.
> Importations : denrées coloniales, machines, tissus.
> Exportations : blé, essence de rose.

La Turquie.

Population. - La Turquie mesure actuellement 170.000.000 km² et compte 6.000.000 h. Elle est peuplée de Turcs, de Grecs, de Bulgares et de Serbes.
> La Révolution de 1909 renversa le sultan et établit une Constitution.

Villes. - Constantinople (950), la capitale, un grand port sur le Bosphore ; Salonique (105), Andrinople (80).

Agriculture. - La Turquie produit :
> Du blé, du maïs, du tabac, des roses, des olives, des vins.
> On élève des vers à soie.

Industrie. - Il y a quelques fabriques de tapis à Andrinople.

Commerce. - Il atteint 1 milliard de francs, 169 millions avec la France.
> Importations : étoffes, sucre, café.
> Exportations : produits agricoles.
> A la faveur d'un régime politique meilleur, la Turquie pourrait peut-être se régénérer et faire quelques progrès.

La Grèce.

La Grèce forme la partie méridionale de la péninsule (*presqu'île de Morée*).

Population. - 2.630.000 h. de race grecque.
> Le royaume hellénique est une monarchie constitutionnelle.

Villes. - Athènes (175), célèbre dans l'antiquité ; le Pirée (74), son port ; Patras (50), Hermopolis, dans l'île de Syra.

Agriculture. - La Grèce a un climat chaud et sec ; aussi, les principales cultures sont : la vigne (*raisins secs*), l'olivier, le figuier.
> On pêche l'éponge et le corail.

Industrie. — Elle possède quelques mines d'argent, de plomb ; des marbres.
> L'industrie est peu développée.

Commerce. — Les Grecs arment de nombreux navires pour le petit cabotage.
> Le commerce s'élève à 237.000.000 fr.
> Importations : objets d'alimentation, blé, café ; produits manufacturés.
> Exportations : raisins de Corinthe, huiles d'olives, plomb argentifère.
> Le commerce avec la France s'élève à 22.000.000 fr.

CARTE DE

L'EUROPE (revision)

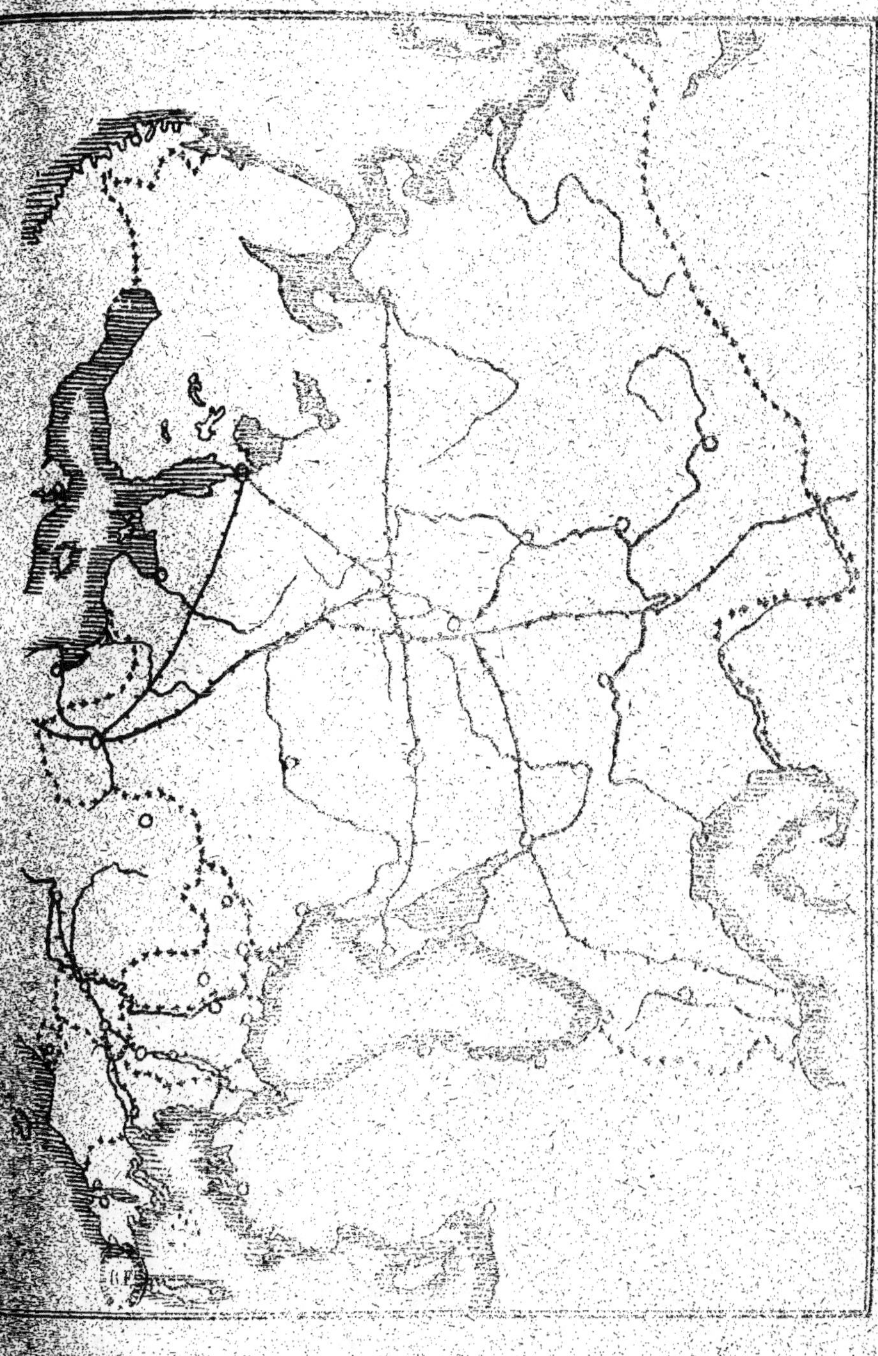

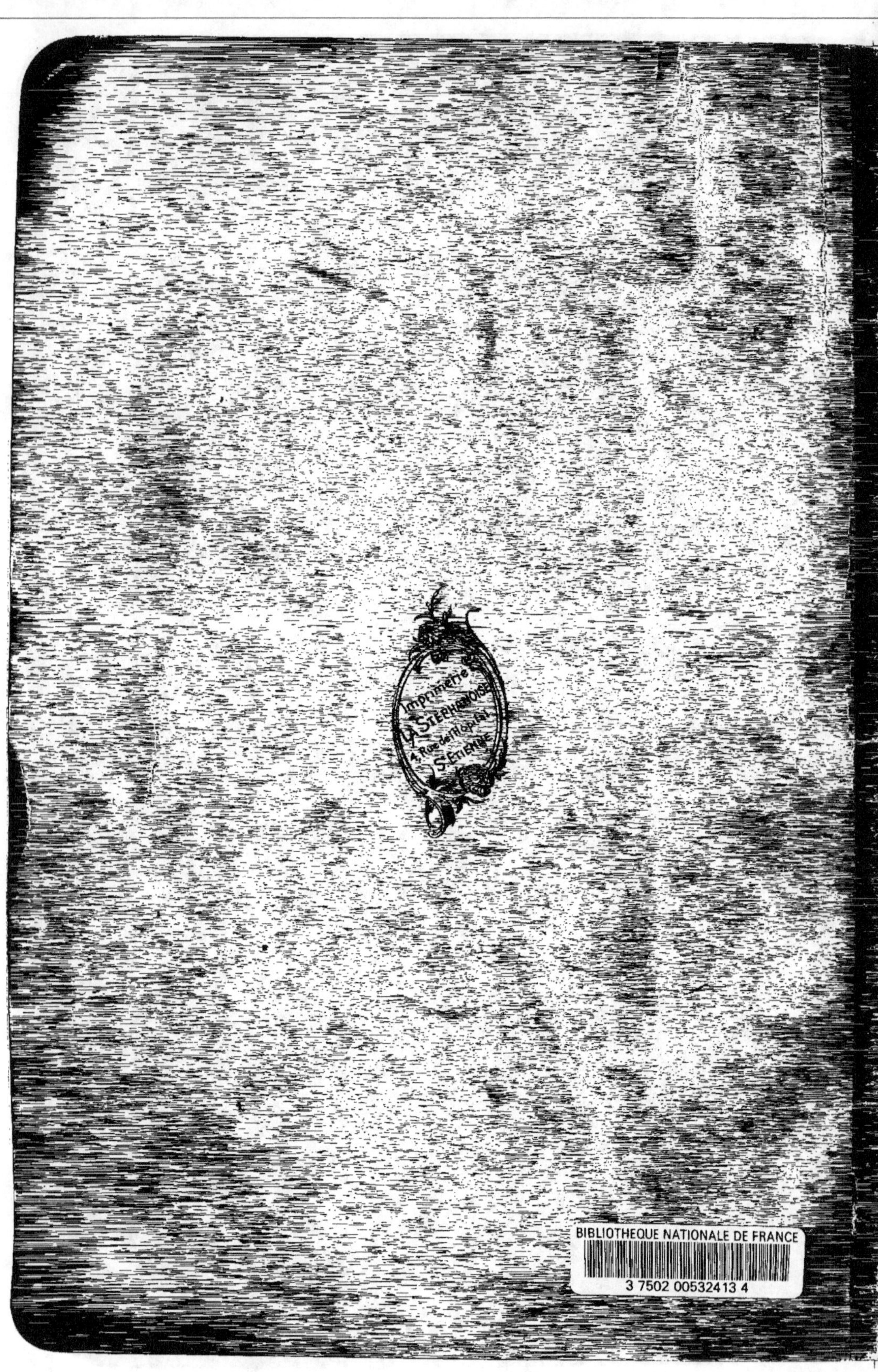

Imprimerie
LA STÉPHANOISE
4, Rue des Flottes
S.t ÉTIENNE